Mundo Espiritual

PERGUNTAS E RESPOSTAS

Aprofundando questionamentos e explicações sobre os mais diversos aspectos do conhecimento espírita e do que a maioria das pessoas gostaria de saber.

Saara Nousiainen

Mundo Espiritual

PERGUNTAS E RESPOSTAS

Aliança

1ª edição, 1ª reimpressão, Janeiro/2013, do 4º ao 6º milheiro.

Título
Mundo Espiritual: perguntas e respostas

Autor
Saara Nousiainen

Revisão
Antônio Roberto de Carvalho

Diagramação
Sonia Maria da Silva

Capa
Felipe Rennó Martins

Impressão
Rettec Artes Gráficas

Ficha Catalográfica

Dados Internacionais de Catalogação na Publicação (CIP)
— Câmara Brasileira do Livro | SP | Brasil —

Nousiainen, Saara
Mundo Espiritual : perguntas e respostas / Saara Nousiainen.
São Paulo: Editora Aliança, 2011.

ISBN: 978-85-88483-70-5 / 256 páginas

1. Espiritismo 2. Perguntas e Respostas
I. Título.

11-11583 CDD-133.9013

Índice para catálogo sistemático:

1. Mundo espiritual : Espiritismo : Perguntas e respostas 133.9013

Editora Aliança
Rua Major Diogo, 511 - Bela Vista - São Paulo - SP
CEP 01324-001 | Tel.:(11) 2105-2600 | Fax: (11) 2105-2626
www.editoraalianca.com.br | editora@editoraalianca.com.br

SUMÁRIO

Algumas Considerações

A história da Terra mostra que tudo nela está em permanente evolução. Antigamente ofereciam-se sacrifícios humanos aos deuses. Era a mentalidade daquele tempo, que foi mudando com o lento progresso da humanidade, cedendo lugar a ideias mais civilizadas.

O cristianismo trouxe novas luzes ensinando o amor, o perdão e a mansidão numa época em que a violência, o ódio e a vingança faziam parte da natureza do homem.

Mas será que hoje, na era virtual, da ciência e da tecnologia, o pensamento religioso deve permanecer no mesmo formato em que veio à luz, há dois milênios?

Se a teoria da evolução por meio das reencarnações foi inventada por alguém, como dizem, quem a inventou? Foi Satanás? Foram seres humanos?

Se foi Satanás, ou mesmo seres humanos, então eles seriam bem mais sábios e teriam mais elevado senso de justiça e de amor do que Deus.

Por quê?

Porque as explicações reencarnacionistas mostram a vida, o Universo e os seres vivos sendo regidos por mecanismos incrivelmente sábios e justos. Por esse enfoque, cada criatura racional é responsável por si mesma, pelo próprio crescimento como ser cósmico, partícipe da vida e dos tesouros que estão à disposição de todos, desde os intelectuais e artísticos, até os culturais e os afetivos, e todos os demais que fazem parte da vida atual.

Também mostra como todos sempre recebem novas e renovadas oportunidades de reajuste ante as leis maiores, podendo resgatar suas faltas e liberar-se dos pesos de consciência, de forma legítima e justa.

De outro lado, temos as teorias que se guiam pela Bíblia, vendo-a, ao pé da letra, como sendo a palavra de Deus. Por elas, o sistema regente da vida é terrivelmente injusto, cruel e pouco criativo. Concebem um deus todo envolvido com o cotidiano humano, interesseiro e facilmente enganável, além de parcial, tirano, e até mesmo cruel e incompetente, por não saber conduzir suas criaturas por caminhos mais justos de crescimento e de aperfeiçoamento, solucionando os problemas de desobediência às suas leis, lançando seus filhos imaturos a um inferno eterno.

Mas quando entendemos Deus como a causa primária de todas as coisas, a soberana inteligência, justiça, sabedoria e amor, como no-lo apresentou Jesus e como o bom senso nos indica, não podemos deixar de crer na reencarnação e na lei de "ação e reação" ou "causa e efeito". Não fosse assim, teríamos de concluir que existem seres mais inteligentes, mais competentes e criativos, com mais elevado senso de justiça e de amor do que Deus, seres esses que teriam inventado os mecanismos da reencarnação e a lei de ação e reação para conduzir o jornadear da Humanidade.

Espiritismo

No espiritismo não há dogmas, sacerdócio, hierarquias, cultos, rituais, sacramentos, obrigações nem adorações. É formado pelo tripé ciência, filosofia e moral, firmemente assentadas sobre a religiosidade e a ética ensinada por Jesus.

1. Os espíritas entendem que os dogmas das igrejas não são de procedência divina?

Certamente são de procedência superior nos conteúdos que dizem respeito às leis divinas, todas embasadas no amor, na justiça e na sabedoria. Mas, mesmo esses conteúdos, ao passarem pelas mentes humanas, carregadas de imperfeições e mesmo de interesses os mais variados, sofreram distorções, demonstrando que fonte pode ser única, mas o produto final é bem diversificado. Além disso, há os dogmas que foram criados para atender às necessidades e até mesmo interesses das religiões que os criaram, tais como, o de prender o fiel à Igreja, garantindo sua fidelidade e submissão.

Não fosse assim, haveria apenas uma religião com seus dogmas, mas ocorre que elas são aos milhares, cada qual afirmando ser a única, a verdadeira, a legítima representante de Deus na Terra.

Isto gera muita confusão porque, se sou da religião X e acredito firmemente que a minha é a verdadeira, como fica a situação das pessoas das outras religiões que também acreditam, com toda firmeza e sinceridade, que as suas é que são as verdadeiras?

2. Qual seria então a verdadeira religião, se a linha demarcadora entre elas é tão tênue?

A Verdade plena está com Deus, mas as fatias da verdade que podemos alcançar são como um prisma. Cada um as vê de acordo com a posição evolutiva na qual se encontra. Por isso há tantas religiões e tantas "verdades".

A maioria das pessoas acaba se acomodando com a "verdade" que lhes fala à alma, ou então aos seus interesses, estagnando em sua evolução. Mas sempre chega o momento em que aquela "verdade" já não lhes satisfaz à razão ou ao coração e então recomeça a procura. Muitos, ao não encontrarem algo que os satisfaça, acabam negando tudo e se tornam ateus, ou ainda, continuam a crer em Deus, mas à sua maneira.

3. Qual é o papel do espiritismo nisso tudo?

O espiritismo não é religião no sentido que é dado a esse termo, mas um universo de informações trazidas por Espíritos superiores, informações essas que convergem para a religiosidade e que, em grande parte, são comprováveis.

São conhecimentos que explicam as leis naturais; que levam a amplos e profundos conceitos filosóficos e mostram com clareza como agir e quais atitudes tomar diante da vida, da natureza e do próximo, visando à própria evolução espiritual a culminar em harmonia interior, bem-estar e felicidade futura. São conhecimentos que dão paz, serenidade, esperança e consolo, e permitem perceber como tudo tem explicação coerente e justa.

O espiritismo nos ensina uma conduta mais saudável para a mente e o corpo, e uma ética de vida mais compatível com nossas necessidades evolutivas.

É, portanto, uma doutrina filosófica, com bases científicas e consequências morais, e sua finalidade maior é libertar a criatura de condicionamentos materiais, ritualísticos e também teológicos, para que possa crescer interiormente, despertando a própria luz.

4. Como surgiu o espiritismo?

Na metade do século XIX, quando o ser humano já começava a caminhar na era da ciência e da tecnologia, fez-se necessário abrir mais o leque dos conhecimentos transcendentais, e eles chegaram por meio de inúmeros médiuns, nas mais diversas partes do nosso planeta e foram codificados por Hippolyte Léon Denizard Rivail.

Rivail havia concluído seus estudos no famoso Instituto Peztalozzi, em Yverdun, na Suíça e, em Paris, após bacharelar-se em Ciências e Letras, tornou-se conceituado Mestre, lecionando química, física, matemática e astronomia; escreveu diversos livros didáticos e foi membro da famosa Academia Real D'Arras. Isto quer dizer que ele estava perfeitamente preparado para aquela missão, diretamente ligada ao conhecimento, à razão e ao bom senso.

Nessa época, na Europa, os fenômenos espirituais haviam se tornado "jogos de salão" e Rivail resolveu investigá-los, acreditando tratar-se de fraude. Mas as provas que obteve da presença de Espíritos responsáveis por tais fenômenos foram tão contundentes que teve de aceitar os fatos.

5. Como ele obteve essas provas?

Com o auxílio de médiuns, em grande parte adolescentes, foi elaborando perguntas aos Espíritos e anotando as respostas, abordando as mais intrincadas questões e recebendo esclarecimentos para as mais dramáticas indagações da alma humana quanto ao seu passado, presente e futuro e quanto à vida, o universo e as leis que a tudo regem.

Por essa época, Rivail também passou a receber, das mais diversas e distantes partes da Terra, cartas com mensagens dos Espíritos, contendo explicações semelhantes às que eram recebidas em Paris. Esse fato contribuiu para ele perceber que aquelas informações realmente eram procedentes de esferas mais altas, já que estavam sendo vertidas nos mais diferentes e distantes pontos do planeta, a pessoas que não tinham conhecimento umas das outras, nem do teor das mensagens recebidas nos outros lugares.

6. E não podiam ser Espíritos do mal que vinham trazer aquelas informações?

Acredita que Espíritos do mal viriam trazer ao ser humano informações que o levassem a se tornar melhor, mais fraterno, mais justo, mais ético e a se aproximar mais de Deus?

7. Tem razão. Continue.

Então, Rivail, com todo esse material em mãos, passou a organizar as questões por assuntos: As Causas Primárias, Mundo Espírita ou dos Espíritos, As Leis Morais e, Esperanças e Consolações. Às respostas dos Espíritos foi acrescentando seus próprios comentários e observações, num formidável trabalho de codificação. Tudo isso foi enfeixado em *O Livro dos Espíritos*, que foi publicado em Paris, em 18 de abril de 1857.

Como Rivail era conhecido e respeitado, não só pelo seu caráter, mas também como emérito professor e autor de inúmeras obras didáticas, ao publicar *O Livro dos Espíritos* preferiu fazê-lo usando o pseudônimo Allan Kardec. Esse nome, conforme lhe foi revelado, ele usara numa de suas encarnações quando fora sacerdote druída.

Em seguida vieram a lume *O Livro dos Médiuns, O Evangelho segundo o Espiritismo*, *O Céu e o Inferno* e *A Gênese*. Esses cinco livros formam a codificação da Doutrina Espírita.

Com a codificação do espiritismo, a doutrina começou a se espalhar por outros países, apresentando um novo enfoque sobre as questões religiosas, focado na necessidade de mudança de atitudes e de transformações interiores do ser humano, levando-o a acender a própria luz, essa luz que todos trazemos na intimidade do Espírito.

Assim, atendendo aos ditames da doutrina, todas as práticas espíritas são absolutamente gratuitas e têm sempre a finalidade de fazer o bem, com amor e equilíbrio, sem imposições e sem condicionamentos.

8. Por que o espiritismo tem encontrado tanta rejeição e até mesmo perseguição?

Em todas as épocas sempre houve granítica rejeição a novas ideias, principalmente quando vinham desestruturar antigos paradigmas. Com o espiritismo não poderia ser diferente.

Além disso, o conhecimento espírita vinha jogar por terra o poder religioso, contrariando fabulosos interesses, ancorados em poderosas estruturas. Isto porque veio proclamar que não são as religiões que salvam, mas apenas e exclusivamente a conduta de cada um. Veio informar também que não existe salvação, porque ninguém está perdido, mas há a reencarnação e a lei de "causa e efeito", ou "ação e reação", cujas engrenagens conduzem os seres à evolução, mostrando ainda, que cada pessoa é a única responsável por seu presente e pelo seu futuro.

9. Qual é a diferença entre religião e religiosidade?

Religião é algo criado pelos homens, com todas as suas idiossincrasias e de acordo com o entendimento de seus criadores.

Religiosidade é aquele sentimento, aquela condição interior, que leva a pessoa a crer num ser superior, no qual se pode confiar, e a quem se deve obedecer conforme os ditames da própria consciência; que lhe dá alento, esperança, confiança e proporciona júbilo. É a religiosidade e não a religião que pode levar alguém ao êxtase.

A religiosidade se manifesta em cada um de acordo com seu próprio grau evolutivo, embora muitas vezes esteja encoberto pela indiferença, descrença e por conceitos materialistas.

Num ser primitivo, ela pode mesclar-se ao medo e às mais diversas superstições e interesses, em virtude de seu pouco entendimento, sua pouca evolução.

10. Qual é o papel do espiritismo com relação à religiosidade?

O conhecimento espírita, ou seja, o conhecimento das leis naturais nos leva a ideias muito mais coerentes e elevadas sobre o Senhor Supremo. Passamos a entender que o nosso mundo não é o umbigo do Universo e que as forças que nos regem são incorruptíveis, justas e assentadas no amor e na sabedoria; que a vida é um contínuo caminho de evolução e quanto mais evoluímos, mais felizes e plenos vamos nos tornando.

Entendemos também que essa evolução acontece no bojo de incontáveis milênios, por meio das reencarnações e sob a tutela da lei de ação e reação, ou seja, Deus não nos castiga quando erramos; muito menos nos lança num inferno de eternas torturas. Ele nos dá sempre novas e renovadas oportunidades para resgatarmos nossas culpas e nos reajustarmos com a lei cósmica.

Observe como esse tipo de conhecimento nos modifica a vida. Muda completamente a ideia que tínhamos sobre Deus e os seres superiores que trabalham sob a sua inspiração. Deixamos de pensar neles como seres aos quais precisamos bajular para que nos deem aquilo que queremos. Passamos a entender que o Criador é a própria perfeição, a fonte do amor e da justiça. Dessa forma, podemos começar a amá-Lo, por perceber sua grandeza, a beleza infinita das suas leis e da sua criação. É nesse amor, nessa admiração, que nasce a religiosidade, aquele sentimento, aquele desejo de buscar maior aproximação com esse Pai.

Religiosidade é isso, é sentimento elevado; não medo, nem barganha. É um interagir com a Divindade de modo natural e simples, sem intermediários e sem dogmas, porque os dogmas cegam.

Religiosidade, pois, é um entendimento maduro do sentimento religioso, algo intrínseco ao ser humano. É luz interior que não pode ser confundida com essa busca desenfreada e desesperada pelas religiões, que acontece ultimamente, movida principalmente pelo medo ou por algum tipo de interesse.

11. Que tipo de interesses pode levar alguém a procurar uma religião?

São muito variados, desde os meramente materiais, como desejo de conseguir um emprego, um bem, uma promoção, melhor "status", sucesso e prosperidade, até aqueles outros de natureza espiritual, que variam de acordo com a crença de cada um: desejo de livrar-se do inferno; conseguir um "melhor lugar" no céu, ou no mundo espiritual; tornar-se pupilo predileto de algum santo das suas devoções; limpar-se do pecado para que Jesus possa levá-lo ao paraíso quando de sua segunda vinda à Terra; sentir-se protegido e amparado por algum ser superior, etc.

Esse elenco é imensamente variado, e quando um "fiel", movido por qualquer tipo de interesse, deixa de ser atendido em suas pretensões, fica-lhe difícil manter viva a sua fé.

Há também aqueles que seguem a tradição. Nasceram numa religião e nela permanecem.

No mundo cristão, apenas uma minoria procura uma religião visando unicamente nutrir a própria religiosidade ou dedicar-se ao que possa entender como sendo uma tarefa missionária.

12. Como deverá então ficar, no futuro, essa questão das religiões?

Se pensarmos com mais liberdade, sem preconceitos, podemos concluir que o futuro das religiões está na religiosidade e não nos formatos religiosos.

Também é fácil entender que não existe uma religião certa, verdadeira ou legítima, porque em todas elas, apesar dos interesses, também há sinceridade, há verdade, há Deus, mas com interpretações diferentes.

13. Existem hierarquias ou algo assim, como sacerdotes, no espiritismo?

Não. Para quê intermediários entre a criatura e o Criador, se eles também são tão imperfeitos quanto qualquer outro ser humano?

Em seus ensinos, Jesus sempre apresentou cada pessoa como a única responsável por si mesma, não por graças de qualquer natureza, mas tão somente pelas atitudes, omissões e ações vivenciadas no cotidiano.

Allan Kardec, ao codificar a doutrina dos Espíritos, não pretendia criar mais uma religião. Evitava até usar essa palavra, vendo no espiritismo uma ciência e uma filosofia com consequências morais.

14. E quanto à salvação?

Diria que é algo tão utópico quanto a venda de terrenos no céu. Só precisa se salvar, quem está perdido, e ninguém está perdido. Podemos estar em caminhos errados, mas cabe a cada um sair do erro, quando desejar fazê-lo.

Essa ideia de salvação foi criada pelas religiões desde sempre, como forma de controlar seus fiéis, exercer poder sobre eles. As religiões se apresentam como credenciadas por Deus a definirem a salvação ou perdição dos seres, e os fiéis acreditam nisso e se submetem alegremente a esse poder, crendo que, por essa via, poderão sempre barganhar com os poderes superiores, comprar bênçãos e facilidades.

Os Espíritos, em suas narrativas sobre o mundo espiritual, sempre se referem a situações que ocorrem aos milhares, nas quais alguém chega ao mundo espiritual, depois do desencarne, e fica revoltado por entender que foi enganado.

Na dimensão espiritual a realidade se apresenta nua e crua e cada um sempre responde pelos seus atos. Lá, não funcionam essas formas de corrupção a que o ser humano está tão habituado; de nada valem as posições sociais ou quaisquer outros critérios de avaliação. A justiça é exatamente igual para todos, mesmo porque o grande tribunal está na consciência de cada um, e como na consciência estão registradas as leis cósmicas, a elas ninguém consegue enganar.

Deus

15. Como o espiritismo entende Deus?

Na codificação da Doutrina Espírita, Allan Kardec perguntou aos Espíritos superiores que lhe respondiam as indagações: “Que é Deus?” A resposta foi:

“Deus é a Inteligência Suprema, Causa Primária de Todas as Coisas”.

E continuaram os Espíritos a dizer que Ele é eterno, imutável, imaterial, único, onipotente e soberanamente justo e bom.

Outras explicações sobre Deus estão muito bem definidas e detalhadas no primeiro capítulo de *O Livro dos Espíritos*, obra basilar da codificação da Doutrina Espírita.

As ideias sobre Deus estão realmente precisando ser reformuladas.

16. Por quê?

As religiões enxergam em Deus uma criatura limitada e com imperfeições semelhantes às do ser humano.

Não se justifica que hoje, com todo o conhecimento que já se possui, ainda se possa entender Deus na forma como vem sendo apresentado desde Moisés.

Quem lê o Antigo Testamento, sem preconceitos, percebe como em inúmeros momentos ele vibra com a força do açoite, da espada e da vingança, mostrando um Deus parcial, contraditório, quase sempre irado, às vezes furioso, injusto, rancoroso e cruel. Também se apresenta em diversas ocasiões à semelhança de um aprendiz de Criador, fazendo experiências, sem saber exatamente o que delas surgirá.

17. Acho que você não sabe o que está dizendo.

Pode procurar na sua Bíblia. Logo no primeiro capítulo, em Gênesis, versículos três e quatro, se diz o seguinte: ***"Disse Deus: haja luz; e houve luz. E viu Deus que a luz era boa."***

Ora, será que Deus não sabia que a luz é algo bom? Viveria Ele nas trevas?

Da mesma forma, após cada ato da criação, conforme a Bíblia, Deus teria observado que aquela ação resultara em algo bom e ao final, depois de tudo pronto, Ele foi examinar para ver se tudo que havia criado estava perfeito.

Reflitamos por instantes sobre a grandeza do universo, a infinidade de galáxias que se perdem na imensidão cósmica; a estrutura do nosso planeta; a natureza, onde todos os elementos se conjugam com perfeição absoluta, para possibilitar a vida... Se pensarmos no ser humano, na perfeição da máquina que é o seu corpo, na fabulosa estrutura do seu cérebro, no insondável de sua mente, do seu psiquismo; se refletirmos sobre qualquer aspecto do Universo e da vida, e perguntarmos a nós mesmos: quem fez tudo isto?

É possível acreditar que o Criador de tudo, da imensidão cósmica e da vida, inteligência suprema, soberano poder, poderia estar fazendo experiências com a criação, para ver no que daria?

E poderia Ele fazer algo imperfeito, para depois ir averiguar se houve erros na sua criação? E pior ainda, crê que Ele poderia se arrepender de algo que tivesse feito?

18. Aquilo talvez tenha sido apenas força de expressão.

Não diria força de expressão, mas a forma como a mensagem bíblica foi entendida pelos que a receberam, porque eram pessoas, médiuns, que canalizaram todas aquelas informações vertidas de planos superiores e, como é natural, elas foram interpretadas de acordo com a época e com a mentalidade dos que as receberam.

19. Você disse que Deus teria se arrependido de algo que fizera. Isto seria um absurdo.

Exatamente. Mas o Deus, na forma como foi mostrado no Antigo Testamento da Bíblia e no qual as religiões cristãs acreditam, arrependeu-se infinitas vezes. Por exemplo: em Gen. 6:6 e 7 se diz: "***... então se arrependeu o Senhor de ter feito o homem na Terra, e isso lhe pesou no coração. Disse o Senhor: Farei desaparecer da face da terra o homem que criei, o homem e o animal, os répteis e as aves dos céus; porque me arrependo de os haver feito***".

Os arrependimentos de Jeová estão ao longo do Antigo Testamento, como, por exemplo, em Ex. 32:14, por haver ameaçado o povo de Israel; em I Sam. 15:11 e 35, por haver feito rei a Saul; em II Sam., por ter dizimado 70 mil pessoas do seu povo; em Jonas 3:10, arrependeu-se do mal que prometera fazer a Nínive, etc.

Se tais feitos e tal mentalidade são até compreensíveis e compatíveis com uma época como aquela, na qual a barbárie predominava, acredita que poderiam originar-se diretamente de Deus, inteligência suprema, causa primária de todas as coisas, perfeito em todos os seus atributos?

Ocorre que é essa a imagem de Deus que perdurou e perdura ainda nos meios cristãos, com exceção do espiritismo.

No entanto, é fácil entender que o Criador de tudo tem de ser absolutamente perfeito, senão, tudo seria o caos.

20. Mas você disse também que Deus é apresentado no Antigo Testamento como um ser vingativo, injusto, rancoroso e cruel...

E, além disso, contraditório.

Em Deut. 10:18 se diz que Deus *"faz justiça ao órfão e à viúva, e ama o estrangeiro, dando-lhe pão e vestes"*, concluindo: *"Amai pois o estrangeiro, porque fostes estrangeiro na terra do Egito"*. Entretanto, ainda em Deut. 20:16, orientando a forma como seu povo deveria invadir e exterminar seis nações para apossar-se de suas terras, Jeová manda matar tudo que tenha fôlego.

Em I Samuel 28:17-19, referindo-se à guerra de Israel contra Amaleque, num momento de furor Jeová mandou matar tudo que tivesse fôlego, inclusive as crianças e até mesmo os animais, e porque Saul deixara com vida alguns animais para oferecer-lhe como holocausto, castigou-o com a morte, e não só a ele, mas a toda a sua família, entregando ainda o povo de Israel nas mãos dos seus inimigos.

O escritor e estudioso da Bíblia, Jaime Andrade, no livro *O Espiritismo e as Igrejas Reformadas*, conta mais de 60 acessos de cólera atribuídos a Jeová, entre os livros Êxodo e II Reis.

Acredita que o Criador, Senhor da Vida e do Universo poderia ter tais acessos de cólera e de crueldade, sem falar na injustiça das suas ordens? Crê que Ele se faria presente na Terra, um grãozinho de poeira, se falarmos apenas da nossa galáxia, para se por à frente dos exércitos israelenses, para a conquista de territórios?

21. Isso tudo é muito horrível, difícil de acreditar.

Você pode conferir na própria Bíblia e encontrar excelente material no livro acima citado.

Nesse livro, seu autor, Jaime Andrade, diz acreditar que o Jeová do Antigo Testamento não seria Deus, mas sim, o de algum Espírito protetor da raça, o seu guia, e isto faz muito sentido e explica muitas coisas.

22. De que forma então os espíritas entendem a Bíblia?

Observe que estamos falando do Antigo Testamento, porque o Novo Testamento traz em seu bojo a maravilhosa história de Jesus, seus ensinamentos e a saga de seus primeiros seguidores com a propagação do Evangelho, esse roteiro de luz que chegou ao mundo como o maior dos sorrisos na história do pensamento humano.

Quanto ao Antigo Testamento, não há qualquer intenção de denegrir ou amesquinhar sua importância como roteiro material e espiritual que conduziu, e ainda conduz o povo israelita, e continua a ser um farol a iluminar milhões de mentes e corações. Mas a verdade, neste caso, deve ser dita com toda clareza, porque só ela tem a força de abrir algemas estruturadas ao longo dos séculos e desfazer cristalizações milenares, numa época em que a razão começa a predominar sobre a imposição.

O ser humano evolui com o passar do tempo. A mentalidade da Humanidade, hoje, é bem diferente daquela que marcou os séculos e os milênios passados. É a força da vida impulsionando a criatura para frente, modificando sua ótica, seus enfoques, seus conceitos, suas concepções. É como alguém que vai subindo pelas encostas de uma colina; quanto mais sobe, mais vasto vai ficando o horizonte que sua vista alcança.

Pergunto, então: será que tudo que era bom nos milênios passados continua servindo nos dias atuais?

23. Certamente, nem tudo.

Exemplo disso temos nas leis do Antigo Testamento, das quais apenas umas poucas podem ser aplicadas na atualidade.

Na Bíblia, encontramos dois tipos de mentalidade: as duras leis de Moisés, cobrando ***"olho por olho e dente por dente"***, apropriadas para a sua época e para as circunstâncias daquele momento, e o Evangelho, no qual Jesus recomenda perdoar as faltas alheias de forma incondicional; amar a Deus, em vez de temê-lo; amar o próximo como a si mesmo e praticar o bem em todas as suas expressões.

As leis de Moisés eram adequadas e corretas para educar aquele povo rude e indisciplinado, em suas fases mais primárias. Já as que foram trazidas por Jesus mostram o amor e o perdão, além de vários outros valores, como atitudes a serem aprendidas e praticadas.

24. Realmente, não posso deixar de concordar. E como é que os espíritas veem Deus?

Certamente não O vemos como aquele velho de longas barbas, sentado no trono celestial, geralmente irado, vingativo, ou se arrependendo das coisas que fez. Deus é o ser soberano, é a causa primária de todas as coisas, o Criador Supremo. Tudo que existe dentro da eternidade e do espaço foi criado e é mantido por Ele.

O espaço infinito e a eternidade são duas coisas que a nossa mente não consegue imaginar, muito menos entender. Pois Deus é algo muito além de tudo isso; é a fonte da energia que a tudo move e está presente no todo... em toda parte. Ao mesmo tempo é a fonte cósmica do amor e da beleza; nele estão todas as perfeições. Não fosse assim, tudo seria o caos.

O Espírito Miramez, no livro *Filosofia Espírita, vol.1*, psicografado por João Nunes Maia, falando sobre Deus, assim se expressa: *"A Suprema Majestade do Universo é, por dignidade própria, o Inconcebível e o Incomparável. Nada se pode comparar ao Arquiteto Universal; da Sua vida estuante e vigorosa saem vidas com a marca do Seu amor. Somos todos filhos do Amor."... "Deus é infinito nas Suas perfeições, nas qualidades inerentes à Sua personalidade que se irradia em todas as direções, que sustenta e dá existência a todas as dimensões do existir. Ele está presente nas claridades do máximo e na luz do mínimo; vibra nas formas das estrelas e canta nos movimentos dos átomos, faz mover todas as constelações e harmoniza todo o ninho cósmico".*

25. Ufa! Isso é muito bonito.

Concorda em que esse tipo de ideia a respeito de Deus se casa perfeitamente com o bom senso e nos deixa mais leves, mais livres e de bem com a vida? Assim, começamos a entender que Ele não nos esmaga com seus rompantes, não nos rejeita em razão de predileções, não nos castiga por faltas inerentes à nossa imaturidade espiritual, mas nos conduz com justiça e amor no rumo da nossa evolução espiritual, dando-nos sempre novas e renovadas oportunidades de reajuste com suas leis.

Como vê, a ideia que normalmente se faz sobre Deus é absolutamente distorcida, limitada e mesquinha.

26. Tem toda razão. Eu nunca havia pensado em Deus por esse prisma.

Poucas pessoas se ocupam em analisar as questões religiosas. Quase todos preferem receber o "prato feito" que lhes é oferecido. Poucos se perguntam: ***"Quem é que pode me garantir que isso está certo, que esses dogmas são mesmo verdadeiros, que essas explicações que me dão, são mesmo reais?***

27. O que você disse sobre Deus me parece certo, mas noto que você está duvidando da autoridade ou da autenticidade das religiões cristãs. Com isso eu não concordo.

Não é isso. O espiritismo respeita, de verdade, todas as religiões, por entender que todas são caminhos para Deus. Mas se você está de fora do contexto religioso cristão e está procurando uma religião, a verdadeira; se tiver um pouco de sagacidade, vai entender logo que ela não existe. Há religiões ou caminhos que conduzem à verdade; mas a verdade mesmo é algo que vamos descobrindo de acordo com a nossa própria evolução espiritual, e essa descoberta é infinita.

A verdade plena, absoluta, está com Deus. As religiões possuem parcelas ou fatias dela; por isso, são diferentes umas das outras; é por isso que tantas pessoas se convertem a determinada religião, mas acabam passando para outra, até encontrar aquela que se ajusta melhor à sua própria faixa evolutiva.

Essa é a procura da verdade. O ser humano, nesse impulso interior da evolução, procura Deus. E, de acordo com a sua própria estrutura psíquica, emotiva e racional, ele O encontra na religião cujas ideias se casam com sua própria natureza, com seu grau evolutivo, com a sua maneira de ver, pensar e sentir, ou então, com a sua preguiça evolutiva, com seu comodismo.

28. Quer dizer, então, que não existe a verdadeira religião...

Existe, ou melhor, vai existir... Será a vivência da fraternidade, dos bons sentimentos, da pureza de coração, da conduta honesta e nobre, sem orgulho, sem vaidades, sem ganância, e sem ódios; será a religiosidade no íntimo do ser, ou seja: o amor a Deus e ao próximo. Tudo o mais são formas ou fórmulas criadas para ajudar o ser humano a um dia chegar à verdadeira religião, que, aliás, foi a única que Jesus apresentou à humanidade.

Reencarnação

Muita gente morre de vontade de saber quem foi em suas vidas passadas, esperando sempre encontrar-se como alguém famoso ou importante. Mas, o que importa saber quem fomos? Importante é saber honrar o que somos hoje para que venhamos a ser melhores no futuro.

29. Que é reencarnação?

Reencarnar significa retornar à vida física num novo corpo.

30. Essa ideia foi criada pelo espiritismo?

Não. Ela é muito antiga. É encontrada em quase todos os sistemas religiosos do mundo, mesmo entre as tribos selvagens mais afastadas umas das outras; em todos os continentes da Terra e desde os povos mais antigos. Isto mostra que não foi inventada por alguém. É como se tivesse surgido junto com o ser humano, um conhecimento do próprio Espírito.

Grandes pensadores como Pitágoras, Sócrates e Platão, tinham-na como fundamento filosófico.

31. Mas a Bíblia não fala sobre ela.

Não fala de forma direta usando esse termo, mas as ideias da reencarnação e da lei de ação e reação (carma) estão expressas nesse livro, em vários momentos.

32. Por exemplo?

No episódio da transfiguração, depois que Jesus conversou com Moisés e Elias na presença de Pedro, Tiago e João, estes lhe perguntaram: *"Por que dizem os escribas ser necessário que Elias venha primeiro? Ao que o Mestre respondeu dizendo que Elias já viera, mas não o reconheceram. Então os discípulos entenderam que Ele falava de João Batista" (Mateus 17:12 e 13).*

Ora, se Elias foi também João Batista, isto só pode ter se dado mediante a reencarnação, porque diante de Jesus ele se apresentou em sua antiga forma, quando fora profeta do Velho Testamento.

Em Mateus 11:14, essa assertiva é confirmada por Jesus quando, referindo-se a João Batista, diz: *"Se puderdes compreender, ele mesmo é o Elias que devia vir".*

Observe-se que o Mestre tinha dúvidas sobre a capacidade de entendimento dos discípulos, porque disse: *"Se puderdes compreender..."*

A ideia da reencarnação também aparece em outros textos:

Em Mateus 16:13 e 14 se diz: *"E Jesus perguntou aos seus discípulos: Quem dizem os homens que eu sou? E responderam: uns, João Batista; outros, Elias; outros, Jeremias ou algum dos profetas".*

Ora, como poderia ser Jesus algum desses profetas do Antigo Testamento, a não ser pela reencarnação?

Já com Nicodemus, que era doutor da lei, o Mestre foi mais explícito, ao dizer:

"O que é nascido da carne, é carne; o que é nascido do Espírito é Espírito; não te admires de eu dizer: "Necessário vos é nascer de novo" (João 3:6).

33. Mas os seguidores de Jesus não falaram sobre reencarnação.

É preciso observar que as ideias sobre reencarnação e lei de ação e reação estavam acima do entendimento das pessoas, naquela época. Por isso Jesus disse: *"Conhecereis a verdade e ela vos libertará."*

A qual verdade estaria o Mestre se referindo? Certamente a nada do que Ele ensinara, porque disse "conhecereis", ou seja, no futuro. E nem Ele, nem seus seguidores apresentaram algum novo conhecimento que poderia representar tal verdade.

Quando disse *"A verdade vos libertará"*, deixou claro que seus seguidores se encontravam e continuariam se encontrando prisioneiros de algum engano, até que o conhecimento da verdade, no futuro, viesse libertá-los.

Não há qualquer arranjo teológico que possa mostrar outra verdade libertadora que veio depois de Jesus, a não ser o conhecimento da reencarnação e da lei de ação e reação. Ela foi trazida por diversos Espíritos, sob a responsabilidade de uma entidade que assinou suas mensagens como "A Verdade".

Convém observar também que as verdades que o Mestre ensinou não eram de molde a libertar alguém. Uns dirão que elas libertam do pecado, mas o mundo cristão continua tão "pecador" como sempre.

Se analisarmos essa questão em profundidade e sem as amarras do condicionamento psicológico-religioso, ficamos maravilhados com tamanha lógica e tal demonstração de sabedoria e de amor do nosso Criador, ao criar a lei que determina a evolução dos seres por meio das vidas sucessivas.

Essa sim é uma verdade realmente libertadora. Quem acredita na reencarnação e na lei de ação e reação, ou causa e efeito, sente-se realmente livre, dono de si mesmo e único responsável pelos próprios passos, sabendo, no entanto, que tudo que semear, terá de colher.

34. Não acha que se Jesus tivesse se referido à reencarnação, esse ensinamento não teria vindo à tona, mais cedo ou mais tarde?

Veio à tona bem mais tarde, numa época na qual já seria possível lançar mão da ciência para confirmá-lo. Entretanto, nos primórdios do cristianismo essa ideia, talvez de forma não muito clara, era aceita, e chegou a ser ensinada por alguns "pais da Igreja" como Orígenes, Plotino e Clemente de Alexandria. Até mesmo Santo Agostinho, em (Confissões, I, cap. VI), escreveu: ***"Não teria eu vivido em outro corpo, ou em outra parte qualquer, antes de entrar para o ventre de minha mãe?"***

Mas quando o cristianismo instituiu-se, assumindo o formato da Igreja Católica, acomodando-se ao paganismo de Roma, precisou eliminar aquela ideia. Se não o fizesse, acabaria desestruturando seu edifício e perdendo o bastão do próprio poder, porque a reencarnação é um conhecimento que liberta. Já não seria a Igreja a detentora das chaves do Céu. Seu poder se esvairia como fumaça se os fiéis não mais pudessem ser atemorizados com as ameaças das chamas do inferno, ou atraídos pelas glórias e delícias do Céu.

Então, todos os cristãos, sob pena de serem tachados de hereges, foram forçados a acreditar no dogma que afirma ser o Espírito criado na concepção.

Tal crença, incutida no psiquismo dos fiéis ao longo dos séculos, sempre acompanhada do medo de pecar contra a Igreja e sofrer por isso terríveis castigos e consequências, criou poderosas algemas do pensamento, que foram se cristalizando mais e mais, a cada nova encarnação ocorrida num meio cristão. Tanto que, até hoje, o simples fato de tentar questionar algum dogma da Igreja católica ou das evangélicas, deixa muitos fiéis assustados, pelo medo de estar cometendo pecado e ter de pagar por ele.

Jesus, no entanto, não criou qualquer religião. Ele apenas ensinou uma ética de vida, afirmando em várias oportunidades que "A cada um será dado de acordo com suas obras".

Quanto ao seu aspecto mais palpável, a tese da reencarnação já passou da esfera religiosa e filosófica para a área da pesquisa científica.

35. Pode explicar melhor?

Cientistas das mais diversas partes da Terra vêm pesquisando a reencarnação há muitas décadas e, até agora, ninguém conseguiu desmenti-la. Ao contrário, todas as evidências sempre apontam para a tese das vidas sucessivas.

36. Como são essas pesquisas?

Elas abrangem um extenso leque de possibilidades de investigação, desde lembranças de vidas passadas e marcas de nascença, até recursos utilizados por peritos criminais, como a datiloscopia, pela qual tem sido comprovada igualdade em impressões digitais da pessoa reencarnada com a personalidade de que se lembra ter sido em vida passada.

Para ilustrar, vou narrar o resumo de uma das pesquisas realizadas pela equipe do médico Psiquiatra Dr. Ian Stevenson, à época em que dirigia o Departamento de Psiquiatria e Neurologia da Escola de Medicina da Universidade de

Virgínia (EUA). Dr. Stevenson já havia pesquisado e catalogado mais de 3.000 casos, 20 dos quais publicou num livro com 520 páginas, com o título *20 Casos Sugestivos de Reencarnação.*

William George, um velho pescador do Alaska, disse ao filho e à nora que voltaria como filho deles, ou seja, seu próprio neto. Entregou-lhes seu velho relógio de ouro, pedindo que o guardassem para ele. Disse também que o reconheceriam pelas marcas de nascença que a criança teria, e mostrou-lhes dois sinais: um no ombro e outro no antebraço, afirmando que seriam iguais. Meses mais tarde, desapareceu no mar, durante uma tempestade.

Algum tempo depois, a nora, Suzan, engravidou e teve seu nono filho, e a criança tinha dois sinais exatamente iguais e nos mesmos lugares dos sinais do avô. Mas o fato acabou caindo no esquecimento até que, aos quatro anos, o menino viu, por acaso, aquele velho relógio de ouro do avô, que a mãe havia guardado junto com suas joias. Imediatamente o agarrou, dizendo: olha, é o meu relógio! E não queria largá-lo. Só depois de muita lágrima e escândalo conseguiram tirar-lhe o objeto, que ele continuava afirmando ser seu.

Dr. Stevenson tabulou todas as evidências reencarnatórias deste caso, observando que o menino, desde cedo, começara a demonstrar impressionantes semelhanças com o avô, tanto nos gostos, nas inclinações, nas pequenas manias, quanto nas aptidões. Ele demonstrava grande conhecimento sobre tudo o que se referia à pesca, informando, inclusive, quais eram as baías mais piscosas. E apresentava até mesmo um defeito no caminhar, jogando o pé direito para fora, exatamente como o velho George, que machucara a coxa quando jovem.

E como se não fossem suficientes todas as evidências apresentadas, surgiram outras. A primeira vez que avistou uma irmã de seu avô (velho George) gritou com muita euforia: olha, a minha irmã!!! Além disso, ele se referia ao pai e aos tios paternos, como filhos dele, e se preocupava muito quando dois deles exageravam na bebida.

37. Muito interessante.

Outros pesquisadores, como o Professor Dr. Hamendra Nat Banerjee (Universidade de Jaipur-Índia, com milhares de casos catalogados) e Dr. Hernani Guimarães Andrade (Brasil) também colheram excelentes resultados em suas pesquisas, relacionadas a lembranças reencarnatórias e marcas de nascença.

Essas "memórias espontâneas" geralmente ocorrem em crianças, quando estão começando a falar. Elas fazem referências, de forma muito natural, a fatos e situações da encarnação anterior, como se a vida presente fosse apenas a sua continuação. Algumas se mostram revoltadas pela situação atual, como foi o caso de um garotinho nascido numa das castas mais pobres na Índia, que se dizia filho de família nobre. Os pesquisadores, seguindo as indicações que o menino dava, chegaram até a tal família, que residia a centenas de quilômetros de distância, comprovando tudo que ele dissera, inclusive nomes de parentes e conhecidos, assim como a época e a forma como havia morrido.

Em algumas destas lembranças também existem marcas de nascença que, de alguma forma, estão ligadas a traumas físicos que as crianças dizem ter causado a sua morte na vida anterior.

Tais recordações e marcas acontecem quando a nova reencarnação ocorre pouco tempo após a morte.

Em 1997 o Dr. Stevenson publicou um livro em dois volumes, com 2.500 páginas, *Biology and Reincarnation,* com casos documentados de memórias espontâneas ligadas a marcas de nascença.

Também o físico francês Dr. Patrick Drouot tem encontrado respostas para a reencarnação à luz da física moderna.

Em outra vertente dessas pesquisas vamos encontrar profissionais da saúde, como por exemplo, os Drs. Morris Netherton, Bryan Weiss, Edíth Fiori, Denys Kelsey e muitos outros que vão acumulando evidências reencarnatórias por meio da regressão de memória no cotidiano dos seus consultórios.

38. Por que tudo isso não chega à grande mídia?

A mídia tem divulgado várias dessas notícias, mas elas acabam se perdendo em meio a assuntos mais interessantes para o grande público, tais como crimes, acidentes, modismos e fofocas.

39. Está certo. Mas, agora eu gostaria de saber qual é a diferença entre reencarnação e metempsicose.

Na antiguidade, o ensino sobre o renascimento possuía dois aspectos distintos: um era o esotérico, transmitido apenas aos iniciados e aos discípulos mais graduados. Esse ensino correspondia ao que atualmente se conhece pelo do Espiritismo e também por recentes pesquisas científicas. Ele não admite a possibilidade de reencarnações regressivas, como por exemplo, do homem em animal, e muito menos em vegetal.

O segundo aspecto desses ensinos era dirigido aos aprendizes e ao povo, admitindo que um Espírito humano podia reencarnar-se em seres inferiores. Essa doutrina ficou conhecida como metempsicose. Por meio dela os líderes religiosos podiam conter os excessos dos indivíduos faltosos, ameaçando-os com o renascimento na condição de animais ou mesmo vegetais, caso não mudassem de conduta.

Mais tarde, esse elemento ou instrumento de contenção —o medo de renascer em espécies inferiores — foi substituído, nas religiões judaico-cristãs, pelo medo do inferno.

40. Se a reencarnação é uma realidade, por que não nos lembramos de nossas vidas passadas?

A natureza é sábia e sempre há razões para tudo.

Pense como seria se nos lembrássemos de todas as ocorrências dolorosas ou terríveis de que fomos protagonistas; se nos recordássemos de todo o mal que já fizemos e recebemos; dos ódios e dos amores...

Não acha que nosso psiquismo poderia implodir com toda essa carga?

Mas com a bênção do esquecimento, todo o material ligado a uma encarnação fica arquivado no inconsciente, permitindo que uma nova existência seja uma oportunidade inteiramente nova, um recomeço onde o Espírito não sofre as pressões das lembranças das vidas anteriores, a fim de que possa reconstruir-se mais livremente. Todas as suas aptidões, no entanto, seus valores morais e outras conquistas individuais permanecem latentes, dando continuidade a si mesmo e, conforme a necessidade, durante o sono ele pode ter acesso a algumas lembranças, que favorecerão sua conduta, ajudando-o a aceitar suas provações.

Se nos lembrássemos de nossas vidas passadas, como poderíamos receber por filho alguém a quem prejudicamos ou que nos fez sofrer? Com o esquecimento, porém, os ódios se acabam nos braços de pai e mãe.

41. Então é por isso que se vê tantos filhos odiando o pai ou a mãe?

Exatamente. Não há outras explicações para esse fato, e há também pai ou mãe que não consegue gostar de determinado filho e há muitos casos de irmãos que se odeiam sem razão aparente. São situações nas quais os inimigos do passado estão tendo oportunidade para o perdão mútuo e a pacificação.

42. E quando essa pacificação não ocorre?

É um tanto difícil que fortes inimigos se reconciliem assim, rapidamente, a não ser que ambos já tenham evoluído o suficiente para conseguirem se perdoar mutuamente, e, se não houver essa reconciliação, voltarão em novas oportunidades reencarnatórias até os ódios serem atenuados e dissolvidos nas vibrações do amor.

43. Que outras razões existem para acontecer a reencarnação?

A razão principal é que por intermédio das vidas sucessivas o Espírito evolui, a caminho de futura perfeição. Jesus disse: ***"Sede perfeitos como perfeito é vosso pai celestial"***. Essa perfeição jamais poderia ser atingida numa só existência, mas quando o Espírito tem a oportunidade de reviver suas experiências, quantas vezes forem necessárias para seu aprimoramento, ela poderá ser alcançada.

E há outro detalhe interessante: viver cansa. Uma encarnação tem o poder de gastar nossas energias, nossa capacidade de viver, de vibrar e querer. Uma pessoa com 80 ou 100 anos de idade, mesmo que tivesse energia física, dificilmente encontraria na existência o mesmo prazer, a mesma vibração de busca, de conquista que tinha quando mais jovem, isto porque ela já buscou, já conquistou, já vivenciou e já se encontra na fase cansada e, na maioria das vezes, desiludida. É como o final de uma festa, que esgotou todas as reservas de energias.

Seria terrível se uma pessoa vivesse 200, 300 ou 400 anos. Não haveria psiquismo, neste mundo moderno, capaz de suportar tamanha carga.

A reencarnação, verdadeiramente, é a única explicação plausível para muitas situações e para as inúmeras diferenças existentes entre as pessoas, desde que se acredite na existência de um Deus justo e responsável pelas leis que regem a vida. Ela reflete a sabedoria e o equilíbrio dos mecanismos da evolução. Os sofrimentos, as dificuldades e as lutas são os grandes professores que nos ensinam a viver e a conviver.

Em verdade, todos nós aqui na Terra sofremos por onde erramos. Não como castigo de Deus, mas como recurso necessário ao nosso reajuste e evolução espiritual.

Mundo Espiritual

44. O que é esse mundo espiritual de que os espíritas sempre falam?

Você acredita que vai continuar vivo depois da morte, ou vai se acabar, desaparecer, deixar de existir?

45. Eu acho que a morte não é o fim.

Se a morte não é o fim, tem de haver então um universo invisível e intangível para nós, onde os Espíritos permanecem depois da morte, ou desencarnação, como preferimos dizer. Isto é muito claro e lógico. Se o Espírito continua vivo, no lado de lá, sem dúvida ele dispõe de um universo espiritual, um lugar, um ambiente que nós não conseguimos perceber.

46. Bem, essas são afirmativas do espiritismo. Eu prefiro provas.

Não são apenas afirmativas do espiritismo, mas do bom senso, da lógica. Quanto a provas, existem muitas. Basta procurar. São provas adquiridas pelos mais variados meios, inclusive pela investigação científica. Quem tiver interesse em estudar essas questões com seriedade vai encontrar ampla bibliografia a respeito. Podemos, no entanto, lembrar as pesquisas realizadas por médicos de diversos países com os casos de morte clínica, nos quais o "morto" retorna à vida e narra situações que vivenciou nesse ínterim, com possibilidades de comprovação; as viagens astrais, nas quais a pessoa se desloca, em Espírito, para outros lugares, observa, vê e ouve coisas e acontecimentos. Essas pessoas percebem sua saída do corpo físico, veem o seu corpo adormecido, saem do ambiente, indo a vários lugares e voltam contando o que viram e ouviram, narrativas essas, que são posteriormente confirmadas.

Muitas pessoas realizam viagens astrais conscientes e não sabem do que se trata. Algumas ficam mesmo apavoradas, achando que estão loucas e, geralmente, não têm coragem para contar a outros tais experiências. Essas caminhadas na dimensão espiritual quase sempre ocorrem quando a pessoa está em repouso. O relaxamento muscular facilita o desprendimento do corpo espiritual.

47. O que é desprendimento do corpo espiritual?

Quando dormimos, saímos do corpo carnal em nosso corpo espiritual, embora permaneçamos ligados a ele pelo cordão prateado.

48. O que é esse cordão prateado?

Quando a pessoa reencarna, faz-se uma ligação, órgão a órgão, molécula a molécula entre o corpo espiritual e o corpo carnal. Assim, quando ela se desprende do corpo físico durante o sono normal, em transe mediúnico, no coma, ou em viagem astral, permanece ligada a ele por filamentos fluídicos que formam esse cordão que tem a cor prateada. O Espírito só abandona definitivamente o corpo com a morte, quando todos esses elos se desfazem.

49. Para que serve esse cordão?

É por meio dele que os dois corpos, o físico e o espiritual, se comunicam. Já lhe aconteceu de estar dormindo profundamente e de repente ouvir o som da campainha ou do telefone como vindo de muito longe? O segundo toque você já escuta mais perto e no terceiro já está acordando.

50. Sim, já me aconteceu isso.

Quando ouviu o primeiro toque você realmente estava longe, em seu desdobramento do sono, mas com aquele alerta que recebeu por intermédio do cordão prateado começou a voltar para o corpo físico; o segundo toque o encontrou a meio caminho e ao terceiro você já estava se reintegrando ao corpo carnal.

51. É exatamente essa a sensação que a gente tem.

Mas existem muitas pessoas que saem do corpo físico e andam por aí no mundo astral, de forma inteiramente consciente, vendo e ouvindo tudo. Existem muitos estudiosos que fazem viagens astrais e anotam tudo, como foi o caso do americano Robert Monroe, que já publicou alguns livros com suas experiências. Num desses livros ele narra que, logo que o fenômeno começou a acontecer com ele, achou que estava enlouquecendo. Foi então procurar um amigo, psiquiatra, que quis tratá-lo como se tivesse problemas mentais, mas ao invés, numa das suas saídas do corpo resolveu visitar espiritualmente esse amigo. Era de dia e Monroe foi à sua casa. Viu a roupa que o amigo estava vestindo e também o da mulher que estava saindo no carro. Ouviu até um comentário feito por ela.

Voltou então para o corpo, anotou tudo e, no dia seguinte, foi visitar o amigo que, aturdido, ouviu seu relato, confirmando tudo que ele vira e ouvira.

52. Isso é realmente impressionante.

Dr. Raymond Moody, médico e professor de psiquiatria da Universidade da Geórgia, Estados Unidos, dedicou-se a pesquisar experiências próximas à morte. Ele entrevistou mais de 150 pessoas que haviam sofrido morte clínica, ou seja, que perderam todas as funções vitais: o coração parou de bater e o sistema nervoso central não reagiu a qualquer estímulo. Essas pessoas "morreram" em mesas de operações, nos leitos de hospitais ou em trágicos acidentes e foram reanimados por massagens no coração, respiração boca-a-boca, choques elétricos e outros meios.

53. Quanto tempo elas permaneceram assim, mortas?

Pelas pesquisas do Dr. Moody, narradas no livro *Vida depois da vida*, esses períodos variaram entre cinco e vinte minutos. Mas existem casos em que a morte clínica durou várias horas.

54. E o que elas disseram ao retornar?

A primeira coisa a se observar, conforme Dr. Moody, é que elas têm dificuldade para exprimir o que vivenciaram. Dizem que não têm palavras para isso. Uma paciente declarou o seguinte: ***"É um problema descrever o que se vê e o que se sente do outro lado. Este mundo em que vivemos é tridimensional, enquanto o outro não é".***

55. E essas pessoas ficam lúcidas nesse "outro lado"?

Ficam sim. Uma senhora, por exemplo, contou o seguinte: ***"Fui internada e no hospital me deram algumas drogas às quais sou alérgica. Os médicos não perceberam e insistiram no tratamento. Pude ouvir com clareza o radiologista*** *dizer ao médico: 'Matamos esta paciente'. Enquanto eles se movimentavam a meu lado, tentando ressuscitar-me, pude ouvir as ordens que se cruzavam sobre injeções de reativantes, massagens no coração, etc. Mas não sentia nada; nem as agulhas, nem as massagens, coisa alguma...".*

A Dra. Elizabeth Kubler Ross, médica suíça, estudiosa dos fenômenos da morte, afirma que antes de começar a lidar com pacientes agonizantes não se considerava religiosa e não acreditava numa outra vida. Mas essas ideias começaram a mudar quando passou a observar duas ocorrências comuns entre agonizantes: no leito de morte muitas vezes eles falam com alguém que já morreu, e também seus rostos, nesses momentos, têm uma aparência de grande paz.

56. *Muito interessante.*

É certo que essas experiências não são a própria morte, mas os pesquisadores observaram que a experiência da morte clínica, com pequenas variações, é a seguinte: primeiro a pessoa sente grande paz e conforto, até começar a ouvir um ruído forte e se sente puxada com rapidez para um espaço escuro; aí então, ela se sente deslizando para fora do corpo físico que vê com toda nitidez. Quase todos falam na presença de Espíritos; muitas vezes são parentes ou amigos que já desencarnaram. Nessas experiências com morte clínica, geralmente essas pessoas encontram-se na presença de um "ser de luz" com o qual se comunicam pela telepatia. Esse ser faz indagações que as levam a avaliar sua vida. Muitos pacientes dizem que foram em direção a uma fronteira, que seria a linha entre a vida terrena e o além, e o Dr. Moody explica que esse limite, essa fronteira, representa o modo de interpretar, expressar ou recordar os momentos vividos nos processos de morte clínica.

57. Parece inacreditável!

São, de fato, experiências dignas de nota, e a própria mídia lhes tem dado bastante divulgação.

Num desses casos, uma senhora, que teve morte temporária após um parto muito difícil, contou o seguinte: *"De repente, vi perto de mim muitas pessoas que conhecera ao longo da vida e que já haviam morrido. Entre elas estava minha avó e uma grande amiga da juventude. Todos pareciam estar muito contentes em me ver"*. Outras pessoas dizem ter tido uma visão panorâmica de suas vidas. São visões instantâneas, mas incrivelmente vivas e reais, e geralmente em ordem cronológica.

58. E como é a reação delas, quando voltam à vida?

A maioria não deseja voltar. Mas todos dizem que a partir de então suas vidas sofreram modificações radicais.

59. Que tipo de modificações?

Passaram a sentir amor por todas as coisas, pelas pessoas, pelos animais, por tudo. Começaram também a desfrutar de muita paz e confiança. Deixaram de dar tanta importância às coisas materiais e perderam o medo da morte. Enfim, ficaram mais fraternas e mais espiritualizadas.

60. A morte clínica seria então como uma espécie de viagem astral?

De certa forma, mas com uma diferença: na morte clínica está presente a iminência da morte definitiva. Entretanto, essas ocorrências provam a existência da imortalidade e dessa outra dimensão de vida, que é a espiritual.

61. Mesmo assim, com tantas provas, é muito difícil assimilar a ideia da existência de um mundo espiritual.

Enquanto nos manifestamos por meio do cérebro do corpo carnal é muito difícil aceitar a ideia de um mundo invisível e intangível aos nossos sentidos, porque nele não há registros dessas outras dimensões, mas quando nos desdobramos e passamos a nos manifestar pelo cérebro do corpo espiritual, onde há esses registros, tudo nos parece absolutamente natural, embora nossos sentidos permaneçam um tanto embotados em virtude da ligação com o corpo material.

Também essa dificuldade se torna ainda maior porque não nos acostumamos a questionar. As religiões nos falam em céu e inferno, em Deus, em anjos, arcanjos e outros seres que não vemos nem ouvimos, mas em cuja existência acreditamos. Se eles existem, mas são invisíveis e intangíveis a nós, por que não podem existir outras tantas coisas e seres que não vemos, nem percebemos?

62. Como, ou em que forma estaremos nesse mundo espiritual, depois da morte? Seremos assim como um ser flutuante, transparente, ou teremos um corpo, e como será esse corpo?

Os Espíritos superiores, na codificação do espiritismo, explicaram que os seres humanos são constituídos de um princípio espiritual, ou Espírito; de um corpo espiritual ou perispírito, e do corpo carnal. Somos, portanto, um ser bem mais complexo do que comumente se supõe.

O Espírito seria assim como uma centelha do Espírito divino, que ninguém teria como ver. O perispírito é um corpo intermediário, que permite ao Espírito manifestar-se na matéria. Ao que se sabe, há ainda outros corpos como o mental, o etérico, etc., mas vamos falar apenas dos três principais: Espírito, corpo espiritual ou perispírito, e corpo carnal.

Centenas de Espíritos que têm narrado, por meio da psicografia e dos mais diversos médiuns, suas experiências quando de seu retorno ao mundo espiritual, dizem que, para eles, seus corpos e também os novos ambientes lhes parecem tão consistentes e tangíveis quanto antes, aqui na Terra, embora se sintam bem mais leves.

Da mesma forma, as pessoas que se desdobram ou fazem "viagens astrais", falam sobre os ambientes que encontram na dimensão espiritual, nas faixas mais próximas de nós. Elas dizem que esses ambientes são bastante semelhantes aos nossos, tanto que, por vezes, ficam em dúvida se estão na Terra ou nessa outra dimensão.

No livro *Devassando o Invisível* a médium Ivonne Pereira narra inúmeros episódios e fatos que ocorreram com ela em suas incursões ao mundo espiritual e confirma as semelhanças existentes.

Mundo Espiritual
Umbral

63. Uns amigos que assistiram ao filme Nosso Lar me contaram horrores sobre o Umbral. Eles estavam muito preocupados, com medo de irem para lá quando morrerem. Então, eu gostaria de saber o que é exatamente esse Umbral.

O Umbral é uma faixa espiritual mais próxima da Terra, que a circunda ou envolve. Aqueles conceitos de sete céus têm muito mais fundamento do que se supõe, e ao que se sabe, são justamente sete as faixas ou planos espirituais em torno da Terra. Cada uma dessas faixas difere das demais pela sua frequência vibratória.

64. Não estou entendendo.

No reino do Espírito existem várias graduações vibratórias, desde as baixas que caracterizam as regiões inferiores, até às mais elevadas, nos planos superiores. O mundo de matéria densa, no qual nos encontramos, seria a mais baixa de todas.

O Espírito, propriamente dito, é aquela fagulha divina que veio de Deus para vivenciar suas jornadas evolutivas e um dia retornar ao seu criador. Essa fagulha, ou princípio inteligente, inicia sua jornada no mundo material, primeiro no reino mineral, depois no vegetal e no animal, para chegar ao reino humano. É nessa trajetória, de muitos milhões de anos, que vai construindo seu corpo espiritual, ou perispírito, como foi denominado por Kardec. Nas criaturas primárias e naquelas que vivenciam mais intensamente as paixões inferiores e condições muito materializadas, o corpo espiritual é grosseiro, de matéria astral mais densa. Quanto mais o ser evolui, quanto mais se espiritualiza, mais refinado, mais tênue se torna esse corpo.

Além da morte, os Espíritos são atraídos para as faixas espirituais afins. Os menos evoluídos ou que praticaram ações incompatíveis com as leis de Deus são atraídos para as regiões umbralinas, ou ainda, permanecem na crosta da Terra, enquanto os mais evoluídos têm acesso a planos espirituais superiores, sempre de acordo com as suas próprias condições vibratórias. Já aqueles que vivenciaram o mal com maior intensidade, que são cruéis e perversos, poderão situar-se em zonas trevosas, abaixo do próprio Umbral e abaixo da crosta da Terra.

65. Quer dizer que um Espírito inferior não pode subir a uma faixa superior?

Isso mesmo. Deus criou todas as condições de vida de forma sábia e perfeita. Já imaginou como seria se as faixas superiores pudessem, de repente, sofrer um ataque por parte das falanges de Espíritos trevosos? Se as condições espirituais mais elevadas representam a conquista árdua desses seres santificados, não se justificaria eles precisarem conviver com Espíritos inferiores, suportando, inclusive, seus pesados ambientes vibratórios, como ocorre aqui na Terra.

66. Não entendi essa discriminação. Por que as coisas são tão perfeitas na dimensão espiritual, enquanto aqui há tanta injustiça e condições tão absurdamente desiguais e de extremos sofrimentos, atingindo inclusive pessoas boas?

A reencarnação é a oportunidade que Deus dá a todos os Espíritos para evoluírem. Se a vida na Terra fosse perfeita não haveria evolução e, em pouco tempo, deixaria de ser perfeita pela ação do próprio ser humano, ainda muito envolvido nas paixões inferiores, tais como o orgulho, a ganância, a sede de poder, o desamor, a agressividade, etc.

Quanto às aparentes injustiças, falaremos sobre essa questão em outro momento.

67. O que é ambiente vibratório?

Cada ser pensante constrói em torno de si o seu próprio ambiente psíquico, e é natural que exista grande diferença entre a psicosfera de um criminoso e a de um religioso, de um marginal e a de uma pessoa do bem, de uma criatura ignorante e a de um cientista. Uma pessoa mais espiritualizada, por exemplo, não suporta o ambiente de um matadouro. Da mesma forma os Espíritos superiores sofrem em sua sensibilidade quando precisam permanecer em ambientes inferiores.

68. Quando precisam permanecer? Eles são forçados a isso?

De forma alguma. Tudo que fazem, fazem-no por amor. Jesus suportou o ambiente da Terra por trinta e três anos, só por amor. Espíritos superiores periodicamente descem às faixas inferiores, em missões de auxílio e de esclarecimento.

69. Mas você dizia que os Espíritos inferiores não podem subir aos planos superiores. Por quê? O que os impede?

Da mesma forma como nós não podemos transitar pelo mundo espiritual, os Espíritos inferiores também não podem transitar pelos planos superiores, que eles não veem nem percebem. Para eles, nada existe além dos seus próprios ambientes, e dos ambientes da Terra. Mas os superiores veem e percebem tudo o que se passa em todas as faixas que lhes estão abaixo, até chegar ao plano material, que é o mais grosseiro de todos.

70. Quer dizer que os que estão embaixo não podem subir e os que estão em cima, podem descer se quiserem?

Exatamente. E nesse detalhe está demonstrada, mais uma vez, a sabedoria e perfeição das leis divinas: "A cada um segundo as suas obras". Aqui na Terra a maioria dos que galgam os degraus do poder não possui verdadeiros méritos. Não são seres superiores, cuja grandeza moral e espiritual os conduza a essas posições. Uma prova disso é o elevado grau de corrupção existente em inúmeros países, sem falar na ganância e na belicosidade de outros tantos que promovem guerras e destruições, sem se preocupar com a dor e o sofrimento que geram.

Aqui, na Terra, muita coisa acontece dentro de elevados níveis de injustiça, mas depois da morte é diferente. Na dimensão espiritual cada qual recebe exatamente "de acordo com as suas obras". Não há um tribunal julgando os que aportam por lá, porque são os próprios mecanismos das leis maiores que realizam essa triagem de forma automática.

Cada Espírito situa-se exatamente na posição ou na faixa vibratória com a qual se afina. No lado de lá os maus não atingem os bons, e os bons não odeiam, nem perseguem os maus, ao contrário, dedicam-se a ajudá-los, em nome do amor cósmico, cuja fonte é Deus.

71. Está aí uma ideia realmente confortadora. Saber que no mundo espiritual tudo acontece com justiça, acaba sendo um fator de conformação para as injustiças que acontecem aqui. Mas fale mais a respeito desse mundo.

Na dimensão espiritual existem milhares de cidades, colônias, postos de socorro, e muitos outros ambientes que agregam Espíritos, mas a colônia Nosso Lar ficou mais conhecida por causa do livro de mesmo nome, psicografado por Chico Xavier e ditado pelo Espírito André Luiz. Nesse livro ele narra suas experiências a partir do momento em que desencarnou e se encontrou no Umbral.

72. Como é esse Umbral?

Podemos dizer que o Umbral é algo semelhante ao que os católicos conhecem como purgatório. É uma região de purgação. Ali, sentindo a solidão, o medo e demais sofrimentos próprios do lugar, os Espíritos têm oportunidade para repensarem suas vidas e se arrependerem dos seus erros. E quando essa interiorização os leva ao arrependimento sincero e ao desejo de mudar o rumo de suas vidas, essa mudança interior promove uma elevação em suas frequências vibratórias. Um Espírito nessa situação geralmente se dirige a Deus em oração, suplicando ajuda e esses momentos lhe são extremamente importantes, porque poderá então ser recolhido pelas equipes de Espíritos socorristas, que trabalham nessas regiões de dor, em nome do amor.

73. O que André Luiz fez de tão mau para ser atraído para o Umbral?

Ele foi considerado suicida involuntário pelos descuidos com o próprio corpo.

74. Gostaria que explicasse isso melhor.

Também entendo ser essa explicação importante. A nossa noção de certo e errado é muito frágil, diante da realidade. Mas, vejamos como o próprio André Luiz fez esse relato. Ele havia sido resgatado do Umbral e acolhido em Nosso Lar. No dia seguinte ao resgate, recebeu a visita de Clarêncio, acompanhado pelo médico Henrique de Luna, do Serviço de Assistência Médica da colônia.

"Trajado de branco, traços fisionômicos irradiando enorme simpatia, Henrique auscultou-me demoradamente, sorriu e explicou:

– É de lamentar que tenha vindo pelo suicídio.

Enquanto Clarêncio permanecia sereno, senti que singular assomo de revolta me borbulhava no íntimo.

Suicídio? Recordei as acusações dos seres perversos das sombras.

Não obstante o cabedal de gratidão que começava a acumular, não calei a incriminação.

– Creio haja engano – asseverei, melindrado – , meu regresso do mundo não teve essa causa. Lutei mais de quarenta dias na Casa de Saúde, tentando vencer a morte. Sofri duas operações graves, devido a oclusão intestinal...

– Sim – esclareceu o médico, demonstrando a mesma serenidade superior – , mas a oclusão radicava-se em causas profundas. Talvez o amigo não tenha ponderado bastante. O organismo espiritual apresenta em si mesmo a história completa das ações praticadas no mundo.

E inclinando-se, atencioso, indicava determinados pontos do meu corpo:

– Vejamos a zona intestinal – exclamou. – A oclusão derivava de elementos cancerosos, e estes, por sua vez, de

algumas leviandades do meu estimado irmão, no campo da sífilis. A moléstia talvez não assumisse características tão graves, se o seu procedimento mental no planeta estivesse enquadrado nos princípios da fraternidade e da temperança. Entretanto, seu modo especial de conviver, muita vez exasperado e sombrio, captava destruidoras vibrações daqueles que o ouviam. Nunca imaginou que a cólera fosse manancial de forças negativas para nós mesmos? A ausência de autodomínio, a inadvertência no trato com os semelhantes, aos quais muitas vezes ofendeu sem refletir, conduziam-no frequentemente à esfera dos seres doentes e inferiores. Tal circunstância agravou, de muito, o seu estado físico.

Depois de longa pausa, em que me examinava atentamente, continuou:

– Já observou, meu amigo, que seu fígado foi maltratado pela sua própria ação; que os rins foram esquecidos, com terrível menosprezo às dádivas sagradas?

Singular desapontamento invadira-me o coração. Parecendo desconhecer a angústia que me oprimia, continuava o médico, esclarecendo:

– Os órgãos do corpo somático possuem incalculáveis reservas, segundo os desígnios do Senhor. O meu amigo, no entanto, iludiu excelentes oportunidades, desperdiçando patrimônios preciosos da experiência física. A longa tarefa, que lhe foi confiada pelos Maiores da Espiritualidade Superior, foi reduzida a meras tentativas de trabalho que não se consumou. Todo o aparelho gástrico foi destruído à custa de excessos de alimentação e bebidas alcoólicas, aparentemente sem importância. Devorou-lhe a sífilis energias essenciais. Como vê, o suicídio é incontestável."

75. Com essa explicação, estou me sentindo como "um cego no tiroteio". Se as coisas são assim tão radicais, que atos comuns da nossa vida podem nos levar a ser considerados como suicidas, por que então os Espíritos nunca nos deram essas informações?

Orientações para uma vida saudável sempre foram dadas ao ser humano. Jesus, o maior dos Mestres, veio justamente nos ensinar a ciência do bem-viver, mas nós preferimos transformar suas exortações e ensinamentos em religiões que oferecem a felicidade no além da vida, em troca de gestos exteriores. Enchemos nossas cabeças de conceitos evangélicos e deixamos o coração vazio de amor.

76. Essa ideia de Umbral não me agrada, mas mesmo assim, gostaria de saber mais a esse respeito.

Vamos, então, voltar a nos valer de André Luiz, pinçando alguns dos trechos de sua narrativa:

"Eu guardava a impressão de ter perdido a ideia de tempo.

A noção de espaço esvaíra-se-me de há muito.

Estava convicto de não mais pertencer ao número dos encarnados no mundo e, no entanto, meus pulmões respiravam a longos haustos.

Desde quando me tornara joguete de forças irresistíveis?

Impossível esclarecer.

Sentia-me, na verdade, amargurado duende nas grades escuras do horror. Cabelos eriçados, coração aos saltos, medo terrível senhoreando-me, muita vez gritei como louco, implorei piedade e clamei contra o doloroso desânimo que me subjugava o Espírito; mas, quando o silêncio implacável não me absorvia a voz estentórica, lamentos mais comovedores, que os meus, respondiam-me aos clamores.

Outras vezes gargalhadas sinistras rasgavam a quietude ambiente. Algum companheiro desconhecido estaria, a meu ver, prisioneiro da loucura. Formas diabólicas, rostos alvares, expressões animalescas surgiam, de quando em quando, agravando-me o assombro. A paisagem, quando não totalmente escura, parecia banhada de luz alvacenta, como que amortalhada em neblina espessa, que os raios de Sol aquecessem de muito longe.

E a estranha viagem prosseguia... Com que fim? Quem o poderia dizer? Apenas sabia que fugia sempre... O medo me impelia de roldão. Onde o lar, a esposa, os filhos?

Perdera toda a noção de rumo. O receio do ignoto e o pavor da treva absorviam-me todas as faculdades de raciocínio, logo que me desprendera dos últimos laços físicos, em pleno sepulcro!"

77. Que horror! Não acha que é severidade excessiva de Deus criar lugares como esse?

Observe que esses lugares não foram criados por Deus, mas sim pelos próprios Espíritos que perambulam por lá. São eles que transformam os ambientes pelas suas próprias emissões mentais.

78. Continue. Isso tudo é muito horrível, mas eu quero saber como é.

Pois bem, André Luiz continua a narrativa, dizendo:

"Para quem apelar? Torturava-me a fome, a sede me escaldava.

Comezinhos fenômenos da experiência material patenteavam-se-me aos olhos.

Crescera-me a barba, a roupa começava a romper-se com os esforços da resistência, na região desconhecida. A circunstância mais dolorosa, no entanto, não é o terrível abandono a que me sentia votado, mas o assédio incessante de forças perversas que me assomavam nos caminhos ermos e obscuros. Irritavam-me, aniquilavam-me a possibilidade de concatenar ideias. Desejava ponderar maduramente a situação, esquadrinhar razões e estabelecer novas diretrizes ao pensamento, mas aquelas vozes, aqueles lamentos misturados de acusações nominais, desnorteavam-me irremediavelmente."

79. Como é que um Espírito pode sentir fome e sede, crescer a barba...?

Observe que as regiões do Umbral, ou dos umbrais, ficam vibratoriamente muito próximas da matéria. A natureza não dá saltos e toda a caminhada é resultado da evolução, que é lenta. Mas voltemos a André Luiz:

"De quando em quando, deparavam-se-me verduras que me pareciam agrestes, em torno de humildes filetes d'água a que me atirava sequioso.

Devorava as folhas desconhecidas, colava os lábios à nascente turva, enquanto mo permitiam as forças irresistíveis, a impelirem-me para a frente. Muita vez suguei a lama da estrada, recordei o antigo pão de cada dia, vertendo copioso pranto. Não raro, era imprescindível ocultar-me das enormes manadas de seres animalescos, que passavam em bando, quais feras insaciáveis. Eram quadros de estarrecer! Acentuava-se o desalento."

80. Essa narrativa é horrível. Durante quanto tempo ele ficou nesse sofrimento?

Durante oito anos. Realmente é muito sofrimento, mas só a dor tem a força necessária para quebrar velhas cristalizações do Espírito humano e levá-lo a encarar a sua própria realidade, sem se apegar a falsas atenuantes.

Mas há momentos maravilhosos, divinos, em situações que sempre ocorrem nessas regiões de superlativas aflições, e nada melhor do que conhecê-los por meio de quem os vivenciou, no caso, André Luiz que continua a narrativa:

"Foi quando comecei a recordar que deveria existir um Autor da Vida, fosse onde fosse.

Essa ideia confortou-me. Eu, que detestara as religiões no mundo, experimentava agora a necessidade de conforto místico. Médico extremamente arraigado ao negativismo da minha geração, impunha-se-me atitude renovadora. Tornava-se imprescindível confessar a falência do amor-próprio, a que me consagrara orgulhoso.

E, quando as energias me faltaram de todo, quando me senti absolutamente colado ao lodo da Terra, sem forças para reerguer-me, pedi ao Supremo Autor da Natureza me estendesse mãos paternais, em tão amargurosa emergência.

Quanto tempo durou a rogativa? Quantas horas consagrei à súplica, de mãos-postas, imitando a criança aflita? Apenas sei que a chuva das lágrimas me lavou o rosto; que todos os meus sentimentos se concentraram na prece dolorosa.

Estaria, então, completamente esquecido?

Não era, igualmente, filho de Deus, embora não cogitasse de conhecer-lhe a atividade sublime quando engolfado nas vaidades da experiência humana? Por que não me perdoaria o Eterno Pai, quando providenciava ninho às aves inconscientes e protegia, bondoso, a flor tenra dos campos agrestes?

Ah! É preciso haver sofrido muito, para entender todas as misteriosas belezas da oração; é necessário haver conhecido o remorso, a humilhação, a extrema desventura, para tomar com eficácia o sublime elixir de esperança. Foi nesse instante que as neblinas espessas se dissiparam e alguém surgiu, emissário dos céus. Um velhinho simpático me sorriu paternalmente. Inclinou-se, fixou nos meus os grandes olhos lúcidos, e falou:

– Coragem, meu filho! O Senhor não te desampara."

81. Que lindo! Muito emocionante!

Muitas pessoas não conseguem ler essas passagens da narrativa de André Luiz, sem chorar. E ele conclui esse capítulo, dizendo:

"Oh! amigos da Terra! quantos de vós podereis evitar o caminho da amargura com o preparo dos campos interiores do coração? Acendei vossas luzes antes de atravessar a grande sombra. Buscai a verdade, antes que a verdade vos surpreenda.

Suai agora para não chorardes depois."

Mundo Espiritual
Nosso Lar

82. Gostaria de conhecer mais detalhes sobre essa dimensão espiritual. Não que eu acredite totalmente nisso, mas, pelo sim, pelo não... Sempre é bom saber o que podemos encontrar pela frente.

Está bem. Voltemos então a falar sobre a colônia espiritual Nosso Lar, a cidade espiritual para onde André Luiz foi levado depois de sofrer durante oito anos as aflições do Umbral. Essa cidade está muito bem descrita no livro *Nosso Lar* e também pela médium Heigorina Cunha que foi levada até lá, várias vezes, para conhecer o lugar e poder descrevê-lo no livro *Cidade no Além.*

83. Foi levada, como?

Ela foi levada em corpo espiritual durante um desdobramento consciente, que é mais pleno, mais profundo, e a pessoa tem perfeita consciência do que está vivenciando.

Nas várias viagens astrais que Heigorina fez a Nosso Lar, levada por Espíritos, ao retornar à Terra e ao seu corpo físico, ela desenhava tudo que havia visto. Esses desenhos encontram-se no livro citado, contendo a planta baixa da cidade, o edifício da governadoria e vários outros prédios. Ela desenhou também as esferas ou planos vibratórios acima da crosta da Terra com a localização de Nosso Lar sobre a cidade do Rio de Janeiro, na terceira esfera, em faixa que pode ser definida como a periferia do Umbral.

O filme *Nosso Lar* guiou-se pelas descrições de Heigorina, que, por sinal, foram validadas pelo Chico Xavier.

É importante, no entanto, observar que Nosso Lar é apenas uma das inúmeras colônias e cidades existentes nas várias dimensões espirituais.

84. E como foi que essa cidade surgiu? Ela foi construída por alguém ou é obra do acaso?

Não existem milagres nem acasos. Tudo na natureza é obra de trabalho inteligente. No oitavo capítulo do livro *Nosso Lar*, o Espírito Lísias, que era visitador dos serviços de saúde do parque hospitalar daquela colônia, explica a André Luiz que a cidade foi construída, no século XVI, por Espíritos de portugueses distintos, desencarnados no Brasil. Ele fala nas inúmeras dificuldades que esses pioneiros encontraram para a realização de seu trabalho, por causa das vibrações primitivas dos indígenas, mas depois de esforços exaustivos, e muito sacrifício, finalmente foi concluída a sua construção, que abriga Espíritos chegados da Terra e das regiões inferiores do mundo espiritual.

85. E o que fazem, como vivem, esses moradores de uma cidade espiritual?

De maneira mais ou menos semelhante à nossa. Quando falamos em algo espiritual, nossa imaginação vê coisas transparentes, fluídicas, inconsistentes, assim como sombras ou fantasmas... Mas a realidade é diferente. Os cientistas já falam em curvatura do Espaço Cósmico, em várias outras dimensões, sem, no entanto conseguirem detectá-las.

O que os nossos sentidos conseguem captar e a inteligência equacionar é apenas um grão de poeira dentro do fabuloso complexo das muitas dimensões existentes no Universo. Essa dificuldade é fácil de entender porque nos manifestamos por intermédio do cérebro físico e nele só há registros relativos ao nosso mundo material. Ao sairmos do corpo de matéria densa, durante um desdobramento, passamos a nos manifestar por meio do cérebro espiritual, mas ele permanece ainda conectado ao físico pelos filamentos fluídicos que ligam nossos diversos corpos. Assim, ao retornarmos, e nosso cérebro espiritual reingressar no físico, a memória do que vimos e vivenciamos durante o desdobramento vai se esvaindo, justamente pela falta de parâmetros para manter os registros dessas memórias.

Em alguns casos, os Espíritos mentores podem avivar tais lembranças, até que elas fiquem registradas no cérebro carnal. Também há pessoas que, por razões que não conhecemos, ao realizarem uma "viagem astral" retornam lembrando-se de tudo.

86. Tudo isso é muito estranho e difícil de acreditar.

Para quem acredita apenas no que pode perceber com seus cinco sentidos, tudo isso lhe parece absurdo, mas precisamos observar que nós só conhecemos o mundo de matéria densa, e mesmo assim, muito mal. No entanto, para quem acredita na existência de anjos e dos santos, ou seja, que existe algo numa condição invisível e intangível para nós, terá de aceitar logicamente a possibilidade da existência de qualquer outra coisa nessa mesma condição. Se há algo que existe e não conseguimos detectar, isso prova que nós não sabemos tudo, não vemos nem sentimos tudo. É como aquela lenda do peixinho narrada por Emmanuel, no prefácio de um dos livros de André Luiz.

87. Seria interessante você narrar essa lenda, não acha?

Está bem. Diz Emmanuel que um peixinho que vivia num tanque junto com muitos outros peixes era muito curioso e gostava de excursionar por todos os cantos e recantos do tanque. Numa dessas excursões ele encontrou uma brecha na grade do escoadouro e arriscou uma saída. Ah, que beleza! O peixinho viajou rio afora, viu florestas belíssimas, montanhas altas, vales floridos, vilas e cidades... Viu gente de todo jeito, bichos de todos os tipos e chegou finalmente ao mar. Ah, o mar... Que maravilha! Que imensidão de água, de peixes de todo tamanho, de todos os tipos, algas e animais marinhos...

O peixinho ficou tão deslumbrado que resolveu voltar ao velho tanque para contar aos outros peixes tudo o que vira. Viajou rio acima enfrentando a correnteza e as corredeiras até chegar ao tanque. Ali, contou aos outros peixes sobre o que vira em sua excursão. Falou muito empolgado sobre o mar, uma extensão gigantesca de água que parecia não ter fim.

Mas, para seu espanto, eles riram muito, dizendo que o peixinho estava ficando maluco ou tendo visões. O peixinho, aborrecido, saiu do tanque, seguindo rio abaixo, mas soube que estava ocorrendo uma grande seca nas nascentes do rio, que talvez fosse secar. Preocupado, voltou mais uma vez ao tanque e falou com os peixes com tanta convicção que eles resolveram dar uma olhada, nem que fosse só por desencargo de consciência. Mas chegando à grade onde havia a brecha pela qual o peixinho entrava e saía, constataram que não conseguiam passar. Estavam muito gordos por causa da inatividade, já que passavam o dia inteiro comendo e dormindo.

Essa, aliás, foi para eles uma ótima desculpa, para não terem de abandonar aquela situação tão cômoda em que viviam.

88. E então, o que aconteceu?

O Peixinho curioso voltou para o rio e seguiu até o mar. Os outros continuaram morgando a sua preguiça e a sua apatia até que a seca acabou com todos eles.

89. E essa lenda significa que a Humanidade é assim como os peixes daquele tanque... É isso?

Apenas uma parte da Humanidade. Aquela que acredita existir apenas o que se pode ver e tocar. E quando alguém desencarna, passando para essa outra dimensão de vida, e depois retorna pelas portas da mediunidade para contar o que viu... Eles não acreditam e só fazem zombar.

90. Isso dá o que pensar. Se não somos capazes de detectar tudo o que existe, e se sabemos que existe algo além das limitações dos nossos sentidos, então, não podemos afirmar nada em relação a esse algo que é desconhecido de nós.

É muito importante ler sobre o assunto, tomar conhecimento das pesquisas realizadas, analisar, observar, refletir, para poder ter uma compreensão mais abrangente sobre tudo isso, e poder formar as próprias opiniões. Não se trata de acreditar simplesmente porque alguém disse...

Mas, voltando ao que já se sabe sobre as dimensões espirituais, elas são, para os Espíritos, uma realidade tão concreta, tão física, tão consistente quanto esta dimensão de matéria é para nós. Isto significa que o Espírito, no seu *habitat* não é uma sombra em meio a outras sombras, mas um ser real, vivenciando uma realidade bastante parecida com a nossa realidade terrena, isto com relação às dimensões mais próximas de nós.

91. Por que essas informações não foram trazidas ao mundo por Jesus ou por outros seres superiores da antiguidade?

Porque a Humanidade não tinha maturidade suficiente, nem possuía conhecimentos científicos e tecnológicos que pudessem avalizar tais informações. Elas só foram trazidas ao mundo de forma mais abrangente no século XIX com a codificação do espiritismo, e, posteriormente, por intermédio de inúmeros médiuns e por Espíritos diversos, a narrarem detalhes das suas vivências na dimensão espiritual. Isto, porque a ciência terrena já estava capacitada a pesquisar tudo, não apenas por meios intuitivos ou mediúnicos, mas também mediante os conhecimentos da física e de outras ciências, e utilizando tecnologia avançada. Isto é, nós já estávamos maduros para começar a receber tais informações.

92. Tem razão. O entendimento do ser humano vai se abrindo mais e mais, à medida que evolui. Mas voltemos a falar sobre Nosso Lar...

Como disse anteriormente, André Luiz conta que aquela cidade espiritual foi fundada no século XVI por Espíritos portugueses distintos que desencarnaram no Brasil. Tanto que sua arquitetura lembra detalhes da arquitetura Portuguesa daquela época. A cidade tem a forma de uma

uma estrela de seis pontas, com a governadoria no centro. Da governadoria partem as coordenadas que dividem a cidade em seis partes distintas, afetas cada uma a um ministério.

93. Quer dizer que lá existem também ministérios?

Quanto mais elevada é a vida de uma comunidade, maior e melhor a sua organização. Aliás, a maioria das organizações terrenas são cópias imperfeitas das que existem na dimensão espiritual.

94. E quais são esses ministérios?

A começar daqueles cujas tarefas são ligadas às regiões inferiores até às mais elevadas, estão os ministérios da Regeneração, do Auxílio, da Comunicação, do Esclarecimento, da Elevação e da União Divina. Os quatro primeiros têm suas atividades voltadas para as necessidades peculiares à matéria densa e às zonas espirituais mais próximas, enquanto os ministérios da Elevação e da União Divina têm suas atividades voltadas para os planos superiores. Assim, a cidade está dividida em seis módulos, cada um deles partindo da Governadoria. Em torno da Torre Central, a mais alta, se elevam as torres dos ministérios.

Na planta feita pela médium Heigorina Cunha, aparece esse edifício da Governadoria com suas altas torres, apontando o infinito. É lindo!

95. E quais as atividades realizadas nesses ministérios e também na cidade?

No livro *Nosso Lar*, André Luiz narra seus primeiros contatos com a cidade, em companhia de Lísias, depois de várias semanas em que estivera recolhido ao hospital:

"Impressionou-me o espetáculo das ruas. Vastas avenidas, enfeitadas de árvores frondosas. Ar puro, atmosfera de profunda tranquilidade espiritual. Não havia, porém, qualquer sinal de inércia ou de ociosidade porque as vias públicas estavam repletas. Entidades numerosas iam e vinham. Lísias informou:

– Estamos no local do Ministério do Auxilio. Tudo o que vemos, edifícios, casas residenciais, representa instituições e abrigos adequados à tarefa de nossa jurisdição. Orientadores, operários e outros serviçais da missão residem aqui. Nesta zona, atende-se a doentes, ouvem-se rogativas, selecionam-se preces, preparam-se reencarnações terrenas, organizam-se turmas de socorro aos habitantes do Umbral, ou aos que choram na Terra, estudam-se soluções para todos os processos que se prendem ao sofrimento.

– Há, então, em Nosso Lar, um Ministério do Auxílio? – perguntei.

– Como não? Nossos serviços são distribuídos numa organização que se aperfeiçoa dia a dia, sob a orientação dos que nos presidem os destinos."

96. Muito interessante! Pensar que no mundo espiritual existem cidades e organizações onde as pessoas trabalham... E, o que mais os Espíritos fazem?

É preciso observar que estamos falando de uma colônia espiritual bastante elevada em relação à Terra, mas existem cidades, colônias, moradias e postos de socorro, em todas as faixas vibratórias. Nas zonas inferiores a preguiça, o "nada fazer", reflete a natureza dos seus habitantes. Aqui mesmo na Terra, as raças mais evoluídas são as que mais trabalham. Trabalho é progresso, preguiça é estagnação.

Quanto ao que os Espíritos fazem nas regiões espirituais da categoria de Nosso Lar, vamos recorrer novamente a André Luiz:

"– Segui Tobias resolutamente. Atravessamos largos quarteirões, onde numerosos edifícios me pareciam colmeias de serviço intenso. Percebendo-me a silenciosa indagação nosso amigo esclareceu:

– Temos aqui as grandes fábricas de 'Nosso Lar a preparação de sucos, de tecidos e artefatos em geral, dá trabalho a mais de cem mil criaturas, que se regeneram e se iluminam ao mesmo tempo."

97. Cem mil criaturas? Acredita que pode haver uma indústria que comporte tantos trabalhadores?

Tobias disse que aquelas fábricas davam trabalho a mais de cem mil criaturas. Isso não quer dizer que todas elas trabalhassem ali. Imagino que as tarefas devam começar nas áreas localizadas em torno da cidade, fora dos muros, nos serviços da agricultura, estendendo-se por vários outros setores.

98. Agricultura? Calma lá! A gente pode até aceitar a ideia de que existe uma cidade como essa, aí pelo espaço, mas daí a existir agricultura... Essa não!

Não há de que se admirar tanto assim. A vida nos planos espirituais mais próximos se assemelha muito à vida na própria Terra. Os corpos espirituais dos que vivem nessas faixas são corpos com potenciais energéticos bastante materializados, que necessitam de elementos nutritivos, da mesma forma como nós mesmos aqui nesta dimensão.

O enfermeiro Lísias narra a André Luiz um episódio interessante ocorrido no século XIX, quando o governador da colônia resolveu simplificar a alimentação dos habitantes, acostumados aos exageros da Terra.

99. Como foi esse episódio?

O governador solicitou duzentos instrutores de uma esfera muito elevada, a fim de ensinarem novos conhecimentos relativos à ciência da respiração e da absorção de princípios vitais da atmosfera. Houve numerosas assembleias, mas alguns técnicos de Nosso Lar manifestaram-se contrários alegando que, sendo a cidade de transição, não seria justo, nem possível desambientar imediatamente aqueles Espíritos, sem graves prejuízos para seus corpos espirituais. O governador, porém, não desanimou. Durante trinta anos houve protestos, inclusive de caráter público. As enfermarias viviam lotadas dc Espíritos que se diziam vítimas do novo sistema de alimentação.

100. Que interessante! Como foi que acabou esse episódio?

Conta Lísias que o governador convocava os adversários da medida ao palácio e lhes expunha paternalmente os projetos e finalidades do regime; destacava as necessidades de espiritualização dos habitantes da colônia e aos mais rebeldes facilitava excursões de estudo a planos mais elevados, ganhando assim maior número de adeptos.

Mas como a situação não mudava, o governador solicitou audiência com o Ministério da União Divina e depois de ouvir seu mais alto Conselho, tomou algumas medidas drásticas, inclusive com relação aos serviços de alimentação que, por mais de seis meses, foram reduzidos apenas à inalação de princípios vitais da atmosfera, através da respiração, e água enriquecida com elementos solares, elétricos e magnéticos.

101 - E essas medidas tão drásticas resolveram o problema?

Resolveram sim. Os opositores do governador reconheceram seus erros e passaram a colaborar no trabalho do reajustamento. A partir de então, passou a existir maior suprimento de substâncias alimentícias que lembram o plano físico, somente nos Ministérios da Regeneração e do Auxílio, onde há sempre grande número de Espíritos necessitados, provenientes da Terra e das zonas mais baixas e que precisam de alimentação mais grosseira.

102. Não sei o que pensar, com tanta informação incrível, difícil de acreditar.

Não é tão difícil assim, quando nos ocupamos em questionar, refletir e analisar os aspectos transcendentes da vida e do todo. Se nos é fácil crer em anjos e em santos, e nos perguntamos qual é a natureza dos ambientes onde eles vivem, o que responderemos a nós mesmos? Não seria crível imaginar que eles sejam sombras fantasmagóricas a percorrerem o espaço, ou um simples sopro de algo indefinível, sem um local onde pousar os pés, se é que um sopro possa ter pés... Se os santos são seres maravilhosos que viveram na Terra, com um imenso potencial de valores, de sentimentos, de aptidões e conhecimentos, seria justo eles passarem a eternidade sem uma finalidade, algo que lhes dê um retorno em felicidade pelo muito de bom que fizeram quando na Terra?

Será que nos propósitos de Deus para a vida não há uma continuidade nos aprendizados, nas aptidões, nos conhecimentos dos seres? Terão de estagnar ao chegarem ao céu? Do inferno, nem se fala, pelo absurdo dessa ideia.

103. Pelo que entendi, os Espíritos continuam a realizar atividades no mundo espiritual.

Exatamente. O trabalho, o estudo, as realizações são algo inerente ao Espírito humano. É natural, portanto, que ao retornarmos à dimensão espiritual queiramos dar continuidade a tudo isso. Mas há diferenças fundamentais entre os Espíritos, porque mantemos, após a desencarnação, as mesmas qualidades, inclinações, gostos e aptidões que tínhamos na Terra. Assim, os Espíritos preguiçosos hão de querer continuar no seu "nada fazer". Aliás, as regiões do Umbral se caracterizam pela indolência dos seus habitantes.

O aprendizado é ilimitado. O homem primitivo pouco sabia. Seu mundo era restrito ao seu conhecimento. Já o homem moderno extrapolou inúmeras fronteiras, embora só consiga visualizar o universo físico, mas todo o seu saber é um mísero grão de poeira diante do que lhe falta desvendar. E parece que a vida está aguardando a evolução moral da Humanidade para lhe abrir novas janelas para o desconhecido.

104. Continuo achando um tanto estranho isso, de os Espíritos estudarem, trabalharem e viverem da mesma forma como viviam aqui na Terra.

Não é tão estranho assim quando analisamos um pouco melhor essa questão.

No mundo espiritual estão as pessoas que desencarnaram, ou seja, que abandonaram aqui na Terra o seu corpo carnal. Mas elas continuam com a mesma personalidade, os mesmos desejos, as mesmas necessidades e características de quando estavam aqui.

Imagine então, como ficaria seu psiquismo se tivessem de permanecer nessa outra dimensão, digamos, durante cem anos, sem as atividades a que estão acostumadas, sem todas essas coisas que fazem a existência na Terra, assim como o lar, a família, as amizades, o trabalho, o estudo, o lazer, as paisagens, a natureza, os animais, etc.

105. É mesmo... Eu nunca havia pensado nisso. O ser humano realmente precisa viver de acordo com o seu psiquismo, com suas raízes, sob pena de se desarmonizar e desestruturar-se totalmente.

Imagine um agricultor que desencarna. Acha que não terá necessidade de ter sua pacata vidinha do campo, seu pedaço de chão para cultivar? Isto, pelo menos até que sinta desejo de partir para outras experiências de vida.

As leis naturais não violentam a quem quer que seja. A evolução é coisa lenta, é coisa do tempo, como se diz.

Esses conhecimentos todos sobre as dimensões espirituais, as situações, as circunstâncias com que as leis naturais conduzem a vida, matam o pior dos fantasmas que assustam a humanidade.

106. Que fantasma é esse?

O medo da morte, do que possamos encontrar nesse continente desconhecido, no lado de lá. Mas quando conseguimos nos libertar desse medo, por meio do conhecimento, a vida fica muito melhor, porque podemos viver com mais harmonia, mais confiança no futuro, e também aumenta o nosso amor, a nossa admiração por Deus, pela sabedoria e perfeição de suas leis que nos conduzem sem violência pelos caminhos da evolução.

Mundo Espiritual
Bônus-hora

107. Outro dia, ouvi um espírita dizer que a moeda corrente no mundo espiritual é o bônus-hora. Tive vontade de rir, mas achei melhor deixar para perguntar-lhe se isso tem fundamento, porque se lá existe moeda corrente, também deve haver bancos, instituições de crédito, etc.

No livro *Nosso Lar*, psicografado por Chico Xavier, seu autor, o Espírito André Luiz, pergunta a um instrutor sobre o bônus-hora, e este lhe explica tratar-se de uma ficha de serviço individual, funcionando como valor aquisitivo.

108. Valor aquisitivo?

Sua pergunta me pareceu tão irônica quanto a do peixe do fundo do mar que nunca havia subido à superfície, quando lhe falaram que havia, acima do mar, um espaço sem água, só com ar, e que mais além havia terra, árvores e outros bichos que não viviam na água.

No entanto, é a própria ciência que vem comprovando a existência de vida numa dimensão invisível a nós. Em outro momento falaremos mais sobre essas pesquisas.

109. Está bem. Vamos, então, voltar ao bônus-hora. Em se tratando de uma ficha com valor aquisitivo, os Espíritos podem então ir ao supermercado e comprar arroz, feijão, carne, ou ainda, ir a uma loja comprar uma roupa chique para a festa.

Sem dar importância à sua ironia, vou repassar algumas das informações de André Luiz. Ele viveu na Terra, como nós mesmos e, como a maioria das pessoas, tinha ideias muito ingênuas a respeito da vida além da morte. Em lá chegando, foi descobrindo pouco a pouco algumas das realidades dessa outra dimensão.

Diz André Luiz que os Espíritos ainda muito materializados, assim como nós mesmos, lá, no mundo espiritual, têm necessidade de nutrição mais substancial, como caldos, frutas, etc. Já os Espíritos superiores alimentam-se principalmente com os eflúvios do amor cósmico, nutrição totalmente espiritualizada.

110. Você já falou sobre isso, e fico a imaginar um Espírito sentado à mesa, comendo... É muito esquisito.

É uma ideia estranha para quem se acostumou a pensar nos Espíritos como sendo almas penadas a vagarem por aí, ou então estirados ou empilhados nas prateleiras dos galpões celestiais.

111. Que ideia mais esdrúxula, essa dos galpões!

Era a ideia que eu tinha quando criança. Meu Pai era pastor da Igreja Adventista e quando ele falava nas almas dos mortos a aguardarem o juízo final, eu ficava imaginando como seria isso e, via então, mentalmente, o céu cheio de galpões com prateleiras lotadas de almas. Na minha imaginação infantil aquelas almas apresentavam-se esbranquiçadas, achatadas, empilhadas umas sobre as outras. Achava tudo aquilo meio esquisito, mas não tinha coragem para discordar ou questionar.

Acredito mesmo que as pessoas que se preocupam em saber como é o lado de lá, fazem também as suas próprias imagens mentais, talvez, até mesmo mais esdrúxulas que as minhas. Por isso é importante procurar conhecer as realidades espirituais, mesmo porque, quando sabemos o que vamos encontrar mais além, podemos nos preparar devidamente.

112. É verdade... Eu também já criei muitas imagens bem estranhas.

É preciso entender que a natureza não dá saltos. A evolução é lenta. Até mesmo a construção dos Espíritos, de seus corpos Espirituais, começou nos vírus, nas bactérias, passando por todos os reinos da natureza, num aprendizado de milênios sem conta. É no berço do tempo e das experiências que o Espírito constrói sua própria estrutura, ganhando inteligência e aptidões.

113. Pois eu acho que é Deus quem faz as pessoas e todos os seres vivos.

Deus proporciona as condições necessárias para os Espíritos evoluírem, da mesma forma como os pais terrenos proporcionam as condições necessárias para seus filhos crescerem, desenvolvendo aptidões.

114. Está bem... Mas continue.

Se a evolução é lenta, é natural então que a vida, depois da morte, continue a ter muitas semelhanças com a vida na Terra. Uma mudança muito brusca, muito drástica, seria prejudicial ao equilíbrio do Espírito, que poderia acabar enlouquecendo.

115. É... Está ai uma explicação com a qual tenho que concordar. Pela lógica, se a vida continua depois da morte, deve ter pelo menos alguma semelhança com a vida na Terra.

Pois, bem. Voltemos então ao bônus-hora. André Luiz explica, ou repete as explicações que lhe foram dadas, dizendo que na colônia espiritual Nosso Lar a produção de vestuário e de alimentação pertence a todos os habitantes da colônia. É propriedade coletiva. Todos recebem provisão de alimentos e roupas no que se refere ao estritamente necessário, mas aqueles que trabalham e, conforme sua dedicação, recebem esses bônus que lhes proporcionam determinadas prerrogativas.

116. Quais?

Casa própria, recreação, excursões e muitas outras vantagens.

117. Excursões? E os Espíritos não podem excursionar à vontade por aí, sem ter de pagar para isso?

Quanto mais evoluído o Espírito, maior a sua liberdade e possibilidades para se locomover. Já os Espíritos menos evoluídos, que habitam nas faixas vibratórias mais próximas da matéria, não possuem tais faculdades em maior amplitude. Então, para poderem participar de excursões a outras colônias e cidades espirituais, ou ainda, participar de determinados eventos, necessitam ter merecimento, ou seja, apresentar trabalho realizado em prol da colônia onde vivem, por meio do bônus-hora.

118. Vai me dizer que por lá o pessoal também namora, casa...

E por que não? Só que as uniões nos planos mais altos obedecem aos ditames do amor e das afinidades espirituais. Nas faixas inferiores do Umbral atuam as forças sexuais dos Espíritos porque essas forças estão radicadas no corpo espiritual e não no físico. Mas, nas colônias e cidades espirituais mais elevadas, as uniões se processam na base do amor puro. Quanto mais o Espírito se eleva, mais ele vai se desvinculando das condições materializadas; as paixões e apetites inferiores vão cedendo lugar a outros valores mais apropriados ao grau de evolução alcançado.

119. Você disse que eles têm direito a vestimenta, mas já ouvi dizer que os Espíritos criam suas próprias vestimentas, conforme desejam.

Aí também entra a questão da evolução. Um Espírito que, ao longo das encarnações e de suas vivências na dimensão espiritual, adquiriu maior poder mental, certamente poderá criar pela força da própria mente as vestimentas que desejar. Pode também realizar mudanças na aparência de seu corpo espiritual; pode apresentar-se com a aparência que teve em alguma de suas encarnações anteriores, ou conforme quiser. Nas regiões espirituais inferiores também se observa essas transfigurações quando Espíritos endividados com as leis maiores apresentam-se deformados, com horrível aparência, na forma de animais, de monstros os mais variados. São as suas próprias forças psíquicas, tão impregnadas de imagens negativas, ou de horror, que realizam tais transfigurações.

120. De que forma são computados os bônus-hora?

Conforme informa André Luiz, na colônia espiritual Nosso Lar, os Espíritos que trabalham, precisam dar no mínimo 8 horas de serviço diário nas 24 horas do dia. Mas podem também fazer horas extras, e há serviços computados em dobro e até triplo.

121. Que serviços são esses?

São trabalhos sacrificiais nas zonas inferiores, as atividades com crianças e muitas outras.

122. Realmente, eu nunca seria capaz de pensar em trabalho, em organização, em pagamentos no mundo espiritual.

Mas é natural que seja assim, porque as dimensões espiritual e material são, por assim dizer, a extensão uma da outra. Na espiritual os seres se preparam para futuras encarnações na Terra, e na Terra se preparam, ou pelo menos deveriam se preparar, para o retorno ao mundo espiritual.

123. Parece que lá andaram copiando o que existe por aqui.

Ao contrário. Na Terra vemos um pálido reflexo de algumas organizações de lá. Muitos Espíritos reencarnam com missão de trazer novos conhecimentos e trabalhar na melhoria das condições de vida na Terra. São cientistas, religiosos, pessoas ligadas à filosofia, às artes, etc., que trazem contribuições valiosas para a humanidade.

É preciso lembrar que a matéria é transitória, os mundos e as condições materiais são transitórios. O Espírito é eterno e os planos espirituais são as matrizes dos planos físicos.

124. Mas é preciso ver que quem atuou como médium na recepção dessas informações era um homem extremamente bom, honesto e respeitado no mundo todo, mas não era infalível.

Chico Xavier não foi o único médium a transmitir notícias do "lado de lá". Essas notícias, explicações e informações têm chegado à Terra pelos mais variados meios e médiuns e com uma uniformidade impressionante. Se tudo isso fosse apenas o produto de imaginação, haveria uma grande diversidade de informações, como acontece, por exemplo, nos filmes de ficção científica. Cada roteirista cria situações e tipos completamente diversificados. Eles apresentam, por exemplo, os extraterrestres, nas mais variadas formas e feitios, com os mais diversos tipos psicológicos, emotivos, sociais e comportamentais, que a sua imaginação consegue criar. Mas as informações recebidas por meio de médiuns ou de pessoas em desdobramento consciente têm aquela uniformidade que caracteriza a informação verdadeira. No desenvolver das atividades mediúnicas, um observador atento e que possua um mínimo de conhecimentos sobre o assunto, encontra sempre mais e mais provas sobre a existência do Espírito e sobre suas condições no outro lado da vida.

125. Voltando ao assunto, gostaria de saber se todos os Espíritos recebem o bônus-hora de forma igual, porque aqui na Terra, um professor, por exemplo, que tem atribuições importantíssimas, ganha muito mal.

André Luiz explica que na computação dos bônus-hora entram vários fatores, tais como, a natureza do trabalho, se é de sacrifício pessoal, considerando-se ainda os valores morais despendidos. Mas o bônus-hora também dá direito a muitas outras coisas, como por exemplo, a intercessão.

126. Intercessão? Pode explicar?

Intercessão é o direito de pedir e conseguir ajudas extraordinárias para pessoas queridas.

Digamos que um Espírito que reside, por exemplo, em Nosso Lar, e tem a seu favor muitos bônus-hora, possui na Terra um filho que está enveredando pelo caminho dos vícios ou do crime. Ele pode, então, solicitar ajuda extra para o filho, visando a evitar que caia mais ainda. Isto é intercessão, ou seja, alguém intercede por outro.

127. E os Espíritos podem ajudar as pessoas em qualquer tipo de problema?

Os Espíritos superiores possuem poderes incríveis, mas sua ajuda sempre obedece a critérios justos, inclusive a verificação do acerto ou desacerto das medidas, porque muitas vezes quando nós achamos que deve ser de um jeito, os Espíritos superiores entendem que não deve ser assim. Isso porque, sua vista alcança mais longe e eles conhecem as causas profundas das coisas e as razões maiores da reencarnação, das lutas e sofrimentos de cada um.

128. Mas os Espíritos não têm poder para modificar o nosso carma?

Mesmo que tivessem, não o fariam, a não ser com permissão do mais alto.

129. Por quê?

Porque o carma não é um mal que se abate sobre o ser, mas sim um processo educativo em andamento e, se alguém está necessitando daquela forma de sofrimento ou de cerceamento para sua evolução, os Espíritos sábios não irão modificar o quadro, em detrimento do crescimento interior dessa pessoa.

130. E os Espíritos ajudam de fato a alguém?

Eles ajudam muito mais do que possamos supor.

131. Mas você disse que um Espírito pode interceder por alguém, se tiver os tais bônus-hora. Nesse caso, se um Espírito intercede por uma pessoa encarnada que não tenha qualquer mérito, como fica?

Digamos que estou no sufoco, necessitando de ajuda espiritual, mas não tenho nenhum mérito próprio. Então um Espírito amigo intercede por mim. Se a intercessão for aceita, ocorre uma transferência de merecimento baseada nos bons sentimentos que fiz nascer na alma daquele que pediu por mim. Algum mérito devo ter tido para poder inspirar sentimentos de amizade a alguém. Além disso, ficarei devendo à vida, todo o bem que receber.

132. Digamos que um Espírito está sofrendo no Umbral devido a faltas cometidas na Terra. Então, quando se arrepende do que fez e ora pedindo ajuda, também precisa ter merecimcnto para recebê-la?

O fato de alguém se arrepender de seus erros e decidir-se a modificar os próprios rumos, já o credencia a receber ajuda. Todos recebem o amparo superior quando solicitam com humildade e sinceridade, encontrando ajuda para as necessidades próprias da vida e da evolução, mas nas situações que extrapolam esses parâmetros, para receber ajuda é preciso ter merecimento.

133. Isso é muito interessante! Mas o que acho assim incrível e até mesmo um tanto assustador são esses critérios de justiça e de disciplina que regem a vida nesse mundo espiritual, se é que tudo isso seja verdadeiro.

A justiça, pelas leis cósmicas, sempre anda de mãos dadas com o amor e com a sabedoria. Aqui no mundo material também, mas nós fazemos como o avestruz que esconde a cabeça embaixo da areia quando uma tempestade se aproxima, achando que está bem protegido. Nós nos agarramos a qualquer coisa para não aceitar nossas próprias responsabilidades. As pessoas, desde sempre, usam de muita hipocrisia, procurando sempre levar vantagens indevidas, ou imerecidas em tudo. Mas a realidade é outra. A realidade é a lei de Deus: justa, sábia, perfeita. A ela ninguém engana. Por isso é muito melhor procurar sempre viver em harmonia com a Lei maior.

134. Estou pensando numa questão importante: como é que os Espíritos podem ajudar uma pessoa encarnada se não conseguem entrar em contato com ela?

Realmente esse contato é difícil porque há uma barreira vibratória entre essas duas dimensões de vida, mas não é uma barreira intransponível porque nós somos, originariamente, dessa outra dimensão; somos provenientes de lá. Nosso corpo espiritual está construído com elementos espirituais, embora estejamos habitando num corpo material. Mas o Espírito transita entre esses dois planos de vida.

135. Um momento. Se o Espírito transita entre esses dois planos, como você disse, por que não sabemos disso?

Não sabemos no nosso cérebro físico, já que essas informações não se filtram para o cérebro material, a não ser em casos especiais.

136. Quais são esses casos especiais?

As comunicações mediúnicas, os fenômenos de vidência, audição, etc.. Mas, mesmo nos casos nos quais a mediunidade ostensiva não atua, existe a comunicação em nível intuitivo. Os Espíritos nos falam, ou lançam suas ideias, seus pensamentos sobre nossa mente e nós os captamos, acreditando que resultam de nós mesmos.

137. Quer dizer que somos influenciados pelos Espíritos?

Exatamente. Nós somos influenciados por aqueles com os quais temos afinidade de ideias, emoções, intenções, temperamento, caráter, etc. Uma pessoa viciada no álcool, por exemplo, se faz acompanhar por Espíritos afins, ou seja, que também são viciados em álcool. Uma pessoa gananciosa atrai entidades do mesmo tipo, que vão lhe inspirar mais e mais ganância. Uma pessoa caridosa é inspirada por Espíritos caritativos, e assim por diante. Os seres da dimensão espiritual têm acesso a nós pelas vias da sintonia.

138. E como é que eles conseguem nos ajudar?

De várias maneiras, interferindo nas situações, por meio da influência mental, da sugestão, dos fluidos; levando outros a nos ajudarem; inspirando-nos as melhores e mais acertadas ações, e assim por diante.

É simplesmente impressionante como os Espíritos conseguem manipular situações e gerar circunstâncias. Divaldo Franco, médium e orador Espírita, contou-nos certa vez um fato interessante, ocorrido quando viajara a uma colônia portuguesa, na África, para fazer uma palestra sobre espiritismo.

Os poucos espíritas locais estavam muito preocupados porque não sabiam como conseguir autorização da polícia para a palestra já que o espiritismo era muito perseguido na região.

Divaldo então prontificou-se a falar com o chefe de polícia local, para pedir a tal autorização. Ao entrar na sala do chefe observou que o mesmo estava examinando alguns papéis e nem se deu ao luxo de levantar os olhos para o visitante, intentando demonstrar-lhe sua real ou irreal importância.

Divaldo sentou-se, a um aceno daquele homem, e ficou esperando. Daí a pouco o chefe perguntou, ainda sem olhar para ele: que deseja?

– Bem, senhor... – começou Divaldo – É a respeito de uma palestra... Nós gostaríamos de ter a sua permissão...

– Que tipo de palestra? – Perguntou o chefe de polícia, dignando-se por fim a olhar para seu interlocutor, e quando este já se preparava para dizer que era uma palestra espírita, o telefone tocou. Era daqueles telefones antigos, de parede, e o homem levantou-se para atender. Divaldo estava muito preocupado, porque a palestra seria naquele mesmo dia, à noite, e sem a autorização policial... Não haveria palestra.

139. Que sufoco, hein?

É... Mas Divaldo é habituado a situações as mais estranhas e estava bastante tranquilo e confiante na ajuda superior. Viu então, Marcelo, um benfeitor espiritual, dando passes no chefe de polícia, enquanto este falava ao telefone e era possível perceber como as suas feições se modificavam. Antes ele estava carrancudo, com ar raivoso, mas aos poucos ia relaxando e, finalmente, quando desligou o telefone e voltou ao birô, parecia outro homem. Marcelo continuava atrás dele, exercendo profunda influência sobre sua mente. O Chefe de polícia sentou-se e sorriu para Divaldo, repetindo a pergunta, mas dessa vez em outros termos:

– Pois bem, amigo, em que posso lhe ser-lhe útil?

Não é preciso dizer que Divaldo conseguiu a autorização, embora tivesse de mudar o título da palestra... Apenas o título. Mas à noite, o auditório estava superlotado e o chefe de polícia sentado na primeira fila, visivelmente emocionado com a fala do médium.

140. Muito interessante.

Esse tipo de interferência acontece constantemente, e não só da parte dos bons Espíritos, mas também dos maus, pois da mesma forma como os bons nos ajudam, os maus tentam nos prejudicar.

141. E eles conseguem?

Conseguem na proporção da abertura que damos à sua influenciação. Por isso é tão importante atender àquela exortação de Jesus: "Orai e vigiai, a fim de não cairdes em tentação."

Ação e Reação

142. Para podermos ter um mínimo de paz interior precisamos de respostas claras e coerentes para vários questionamentos, como, por exemplo: Por que uns nascem com saúde, inteligência, em família equilibrada e outros, despojados desses bens? Uns em berço de ouro e outros na miséria?

De que forma o Espiritismo explica isso?

Comecemos pelo estado de pecabilidade no qual o ser ingressa, quando passa a fazer uso da razão. Com a razão também se inicia o despertar da sua consciência, quando passa a ser responsável pelos próprios atos.

É o mesmo que ocorre com a pessoa que atinge a maioridade e passa a ser responsável perante a lei. Só que a lei divina, sendo absolutamente justa, mas também sábia e amorosa, atua para com o ser em regime de ação e reação, de forma a que receba o retorno de todas as suas ações, sejam boas ou más. Esse é um modelo educativo perfeito e absolutamente justo. Nós só conseguimos nos liberar das nossas maldades, orgulho e ambições sofrendo em nossa própria pele e na mesma intensidade, o sofrimento que causamos aos outros. Esse é o remédio aplicado pela medicina divina a nós, doentes da alma, e é um remédio absolutamente eficaz.

143. Pode explicar melhor?

Tudo que acontece no Universo tem uma causa. Toda ação gera uma reação e isto representa o equilíbrio cósmico. E equilíbrio é o alicerce da justiça e uma não existe sem a outra.

As leis divinas determinam que toda ação que praticamos gera uma reação semelhante, cujos efeitos fatalmente nos alcançam. Tudo o que fazemos retorna a nós como reação da própria vida. Esse mecanismo do retorno também é conhecido como carma.

144. E quanto ao bem que fazemos, também retorna a nós?

Certamente. Todas as nossas ações geram reações proporcionais. Se ferimos a vida, ferindo ou fazendo sofrer nossos semelhantes, recebemos a reação ou o efeito em forma de sofrimento. Se fazemos felizes nossos irmãos em humanidade, recebemos a reação da vida, também em forma de felicidade.

Ao longo de toda a sua trajetória na Terra, Jesus sempre deixou clara a existência dessa lei. Ele disse: ***"Tudo que quiserdes que os homens vos façam fazei-o também vós"*** e ***"A cada um será dado de acordo com suas obras"***.

145. Mas não é isso que se vê por aí. O mundo está cheio de pessoas que prejudicam o próximo, matam, estupram, roubam, agridem e continuam vivendo bem e tranquilos, sem receberem essa reação da vida de que você fala.

Pois é justamente nesse fato que se pode entender a importância da reencarnação. Não fosse ela, nada faria sentido, e as próprias palavras de Jesus seriam falsas. Mas o conhecimento da reencarnação abre um universo imenso de novos conhecimentos, que vêm explicar, de maneira lógica e perfeita, tudo aquilo que ficou incompreensível nos ensinamentos do Mestre e no que diz respeito à justiça Divina, que as religiões procuram explicar à sua maneira, sem o conseguirem de forma satisfatória e lógica.

É pelo conhecimento das vidas sucessivas que podemos observar, em todos os fatos e acontecimentos, a ação da lei maior, devolvendo à criatura o que ela deu à vida. E quando a causa dos acontecimentos não está nesta encarnação, está nas passadas existências.

146. Quer dizer que essas pessoas que estão por aí a fazer a infelicidade dos outros, vão receber o devido retorno nas futuras encarnações?

Sem dúvida. Se não receberem esse retorno ainda nesta vida será em seu futuro espiritual, seja aqui na Terra, ou em algum outro planeta que irá servir de exílio a Espíritos renitentes no mal. Não fosse assim, teríamos de admitir que Deus é injusto. Isto seria um absurdo imperdoável, porque Deus é a própria justiça, o amor e a sabedoria.

147. Como são os mecanismos que coordenam ou definem esse retorno das ações cometidas?

Todas as ações contrárias às leis cósmicas geram situações de conflito interno, já que essas leis estão impressas em nossa consciência e esse conflito nos leva às situações de resgate.

Quando sentimos uma dor ou algum incômodo, não procuramos algo que nos alivie? O mesmo acontece com relação à consciência, mas só há uma maneira de aliviá-la: desfazermos o mal que tenhamos feito.

148. De que forma essas leis atuam em nossas vidas?

Podemos entender que atuam em duas vertentes, uma no corpo físico e a outra nas situações, acontecimentos e circunstâncias da vida. Em ambas, vamos encontrar as causas tanto nesta, quanto em passadas encarnações.

Vejamos alguns exemplos que podem explicar isto melhor: Na primeira vertente, a que atua no corpo físico, temos aquelas situações de descaso com a própria vida. A todo momento milhões de pessoas estão agindo ou se omitindo de forma a causar-lhes problemas nesta mesma encarnação, ou seja, recebendo o retorno do que fazem ou deixam de fazer. São os muitos descuidos com o próprio corpo, tais como o uso indiscriminado de remédios, a gula, o sedentarismo, o uso de drogas, desde o álcool, o fumo, as chamadas drogas "pesadas" e por aí afora, sem falar em alguns esportes radicais e outras ações nas quais os incautos enfrentam perigos desnecessários por mero prazer ou desejo de sobrepor-se aos demais.

Há também aquelas situações que geramos pelas nossas emoções, sentimentos e estados de espírito negativos que cultivamos e que nos acabam prejudicando a saúde. Os sofrimentos que nos advenham em razão dessas causas também refletem um carma com o retorno em curto prazo, porque ocorrem ainda na vida atual, mas podem também estender seus efeitos para o futuro, quando cultivados por longo tempo, por criarem zonas de fragilidade no corpo espiritual, com predisposições para enfermar em futuras encarnações.

149. Que tipo de emoções, sentimentos e estados de espírito podem nos prejudicar a saúde?

A ciência tem se aprofundado bastante em pesquisas dessa natureza.

Inúmeros estudos têm demonstrado que sentimentos como o ódio, a mágoa, o rancor, a inveja, as frustrações, assim como também o mau humor, as lamúrias e demais estados de espírito negativos enfraquecem o sistema imunológico, abrindo portas para as enfermidades se instalarem.

Pelo aspecto espiritual sabemos que tais sentimentos geram energias pesadas ou de má qualidade, podendo formar bloqueios no sistema energético, ou situar-se em algum órgão, com resultados os mais variados, conhecidos como doenças psicossomáticas. Esses bloqueios também podem causar irritabilidade, enxaquecas, depressão, e diversos outros incômodos.

150. Você disse que ações contrárias às leis cósmicas geram situações de conflito interno, já que essas leis estão impressas em nossa consciência e que esse conflito nos leva a situações de resgate. Como isto acontece na prática?

Digamos que um senhor de escravos tenha mandado quebrar as pernas de um negro fujão, como era comum na época da escravidão. Tal ação, em conflito com as leis cósmicas, insculpidas em sua consciência profunda, acabou gerando um núcleo de desarmonia no seu inconsciente. É o remorso que não sobe à tona, mas fica roendo a intimidade do ser, até que este consiga resgatar suas culpas, reajustando-se com a lei. Esse núcleo de desarmonia, saturado com a energia daquelas cenas de pernas sendo quebradas acabaram por desarmonizar as energias vitais desses órgãos em seu próprio perispírito. Então, ao retornar em nova encarnação, seu corpo espiritual, que participa da formação do feto, transfere para o mesmo as suas próprias desarmonias e ele poderá nascer com problemas nas pernas e até mesmo sem elas.

Um exemplo real que também podemos citar foi o de uma senhora com algumas décadas de atividades em centros espíritas, que perdeu a visão dos dois olhos, sem que os médicos pudessem diagnosticar a causa. Ao pedir explicações a um benfeitor espiritual, por meio de um médium da casa, este lhe disse que a perda da visão refletia um reajuste cármico, porque em uma encarnação anterior ela fora uma mulher muito bela, e um escravo teve a ousadia de apaixonar-se por ela. Ofendida, mandou que lhe furassem os olhos para que não mais pudesse vê-la. O detalhe de ela ter perdido a visão com mais de cinquenta anos de idade, ou seja, viveu a maior parte da vida vendo normalmente, deveu-se ao fato de nesta encarnação ter-se dedicado muito a ajudar necessitados de toda natureza. O amor dedicado aos outros diminuiu muito o peso do seu carma. É, como disse o apóstolo: ***"O amor cobre uma multidão de pecados"***.

151. No caso dessa senhora, seria possível uma explicação, na prática, sobre como ocorreram essas atenuantes em seu carma?

Aquela ação que ela praticara em encarnação anterior, em conflito com as leis cósmicas, acabou gerando um núcleo de desarmonia no seu inconsciente. Esse núcleo, saturado com a energia do ato que ela cometera ao mandar cegar o escravo, acabou por desarmonizar as energias vitais de seus próprios olhos. Então, ao retornar em nova encarnação, seu corpo espiritual, que participou da formação do feto, transferiu para o mesmo as suas desarmonias. Aconteceu então que as energias positivas de amorosidade e solidariedade que ela foi gerando por suas atitudes atuaram como atenuantes, sustentando por longos anos sua visão.

É assim que atua a lei de causa e efeito, ou ação e reação, com justiça, mas sempre assentada na sabedoria que educa. O sofrimento jamais representa castigo de Deus, mas coerção educativa.

152. Pode dar outros exemplos?

Digamos que uma pessoa tem o costume de falar insuflando a agressividade, o ódio e viciações as mais diversas. Com o passar do tempo seus órgãos da fala saturam-se desse energismo pesado, maléfico, contrário à lei cósmica, por ser antifraterno. Numa futura encarnação essa pessoa poderá nascer com lábio leporino ou com problemas da fala como gagueira e até mesmo mudez. Não é Deus quem a está castigando. Ela própria usou mal os dons que a vida lhe deu e apenas recebe o retorno dos seus atos.

Da mesma forma alguém que se suicida usando veneno, certamente, quando reencarnar, vai ter problemas respiratórios ou digestivos; poderá até nascer sem o estômago ou com outra qualquer deformidade semelhante. Quem se suicida com um tiro na cabeça ou saltando de grande altura, ao reencarnar poderá sofrer de hidrocefalia, problemas mentais e até mesmo anencefalia.

Por isso jamais se deve interromper uma gestação por causa de má formação fetal. Para um Espírito em grande sofrimento, a reencarnação representa a maior das bênçãos para seu restabelecimento, porque as zonas de seu corpo espiritual que sofreram danos poderão refazer-se na formação do novo corpo. Por vezes são necessárias várias tentativas de encarnação para restabelecê-lo completamente. Os abortos espontâneos muitas vezes ocorrem porque o feto não suportou as vibrações excessivamente pesadas do reencarnante, mas mesmo esse ingresso de curta duração num corpo físico, já lhe traz imensos benefícios e na próxima tentativa a gestação poderá até chegar a termo.

Nos retornos cármicos podemos sempre observar que está havendo uma catarse das energias desarmonizadas geradas no inconsciente, em razão de ações em desacordo com as leis cósmicas, praticadas outrora.

153. E essa outra vertente de que você falou?

É quando o carma atua nas situações, acontecimentos e circunstâncias da vida. Também nesses casos vamos encontrar as causas nesta mesma encarnação ou em vidas passadas.

Vejamos alguns exemplos:

Nas causas geradas nesta mesma encarnação vamos encontrar aqueles que se deixam mergulhar em algum vício e com isso atrapalham sua vida profissional, ficando desempregados. É o retorno do desrespeito para consigo mesmos. Também aqueles que criam situações difíceis para si por causa da sua agressividade, preguiça, comodismo, e de outras más tendências que cultivam.

Quanto às causas geradas em vidas passadas, podemos citar alguém que teria matado um pai de família, deixando a viúva e filhos sofrendo privações e humilhações as mais variadas. Com esse ato contrário às leis cósmicas criou uma situação de conflito em sua consciência profunda, mesmo que aparentemente não sinta remorsos.

Com o passar do tempo e das reencarnações e conforme vai evoluindo chega um momento em que, recordando aquele ato, sentirá necessidade de resgatá-lo. Poderá então solicitar uma nova encarnação na Terra com a missão de receber por filhos os mesmos Espíritos que deixara órfãos, estendendo-se esse ato também à viúva. Provavelmente terá de sofrer muitas privações e lutar muito para sustentá-los dignamente.

Também terá dificuldades de convívio com os mesmos em razão do ódio que suscitou, pois mesmo não se lembrando das ocorrências do passado, a sua simples presença irá despertar neles sentimentos negativos. Mas se levar sua missão até o fim, estará quitando-se com a lei para poder dar continuidade à sua rota evolutiva.

154. Mas dessa forma, aqueles Espíritos que já sofreram no passado por causa do seu ato criminoso, terão de ainda sofrer-lhe a presença? Acha isso justo?

Todas as situações dessa natureza são programadas e orientadas por sábios mentores, sempre de acordo com a mais perfeita justiça e também com fins educativos. Cuidando daqueles a quem prejudicou no passado, estará se credenciando ao seu perdão e cimentando as bases da verdadeira fraternidade.

Mas, digamos que os mesmos já o perdoaram e não necessitam daquele tipo de provações. Nesses casos irá receber por filhos outros Espíritos nas condições adequadas às experiências que deverá vivenciar com vistas ao seu resgate.

155- Quer dizer que se aqueles Espíritos não o tivessem perdoado, teriam de sofrer a sua presença como pai?

É importante observar que não conhecemos todos os antecedentes desse caso hipotético. É possível que aqueles Espíritos já tenham tido outros encontros em seu passado remoto, nos quais praticaram atos que acabaram culminando naquele assassinato, justamente pela ausência do perdão. O ódio é um fogo que vai acendendo malefícios ao longo do seu caminho. Só o perdão e o amor podem apagá-lo e interromper sua marcha destruidora.

A lei maior conduz os seres para a harmonização e a fraternidade entre si. Por isso Jesus insistiu tanto na necessidade do perdão pleno e incondicional, e a melhor maneira de se chegar a esse propósito é por meio dos laços de amor que se formam entre pais e filhos. Acontece também, muitas vezes, que o ódio é tão forte que permanece vivo, e então vamos encontrar casos que só pela reencarnação podem ser explicados, quando filhos odeiam o pai ou a mãe e vice-versa. Mesmo assim, um passo já foi dado e certamente haverá necessidade de novas experiências reencarnatórias desses Espíritos na condição de pais e filhos, até que o amor vença o ódio.

Nossa consciência profunda guarda em seus registros tudo que vivenciamos e todos os atos que praticamos ao longo das encarnações que já tivemos na Terra. Então, para podermos continuar em nossa rota evolutiva a caminho de patamares mais elevados e mais felizes, precisamos nos liberar dessas culpas e isto só se consegue por meio das reencarnações de resgate, ou reajuste, com as leis maiores, ou seja, tudo que desarrumamos e destruímos, precisamos rearrumar e reconstruir. Todos os ódios que acendemos em nossos caminhos precisamos apagar. Essa verdade tem sido ensinada ao longo dos milênios por todos os mestres que encarnaram na Terra, visando ajudar a humanidade em sua evolução. Jesus disse: *"Tudo que quiserdes que os homens vos façam, fazei-o também vós"*.

Assim, vemos que o carma representa a equação evolutiva do ser, a conta corrente que ele tem no banco da vida.

156. Pelo que entendi o carma seria o "olho por olho, dente por dente" de que a Bíblia fala... Mas Jesus não veio mudar essa lei?

Como você acha que Jesus iria mudar uma lei que é a base de toda a justiça? Ele mesmo disse que não veio para mudar a lei, e sim para cumpri-la.

157. Mas Jesus trouxe o perdão dos pecados...

Vamos exemplificar. Digamos que um dia você, tendo bebido além da conta e na euforia da embriaguez, atropele e mate um pai de família. Como se sentiria?

158. Horrível. Nem quero pensar...

No entanto essas coisas acontecem e das maneiras as mais variadas. Mas digamos que depois de ter passado a embriaguez, você vá pedir perdão a Deus numa igreja. Se for em uma igreja católica pode também pedi-lo a um sacerdote. Digamos que você alcance esse perdão. Deus perdoou seu crime. Mas... e você? Como vai ficar sua consciência, ao saber que deixou uma família sem seu arrimo, com crianças passando fome...? Como ficaria sua consciência, apesar do perdão divino?

159. Acho que agora você pegou pesado. Mas tem razão, o perdão de Deus não resolve a questão da nossa consciência.

Não resolve mesmo. E você tem alguma receita, alguma solução, algo que possa ser feito para pacificar a consciência?

160. Não, não creio...

Mas, Deus tem. É simplesmente o resgate, o pagamento da dívida.

É certo que no julgamento divino e nas suas sentenças entram critérios que não alcançamos. Os poderes superiores conhecem todos os detalhes do problema, o antes e o depois, eles conhecem todas as circunstâncias agravantes, assim como as atenuantes. Por isso, somente eles podem julgar com justiça, para que a pena seja benéfica à evolução espiritual do réu. Esse é o mecanismo da lei de ação e reação. Fazer retornar ao culpado os maus atos praticados na mesma medida e nas mesmas proporções, visando seu reajuste com a lei, e a pacificação da sua consciência.

161. E quanto a esse grupo familiar que você citou, qual é o seu papel cármico nisso tudo?

Sem dúvida os demais membros dessa família também estarão se ressarcindo de alguma culpa do passado, ou têm a necessidade de passar por esse tipo de provação ou de situação, visando sua evolução espiritual.

162. É... Tudo isso é mesmo muito intrincado. Mas eu conheço um casal muito equilibrado, com bons princípios e que tem um filho que se viciou em drogas e lhes dá muito trabalho e desgosto. Como isso se explicaria segundo essa lei de causa e efeito?

Como não conhecemos seus antecedentes reencarnatórios podemos apresentar hipóteses. Pode ser que os atuais pais desse jovem, numa passada encarnação o tivessem desviado do bom caminho, iniciando-o no rumo dos vícios, e agora estejam se esforçando para recuperá-lo. Talvez eles, os pais, estejam necessitando desse tipo de provação para seus aprendizados e crescimento interior, ou quem sabe, aceitaram receber por filho um Espírito amigo que enveredara pelo vício e tem dificuldades para se reerguer.

Nos casos em que alguém apresenta fortes inclinações para algo, como no caso desse jovem para o uso de drogas, é provável que isto já venha de longe, de outras experiências reencarnatórias. Muitas pessoas só conseguem sentir com mais clareza e precisão a sua situação, desejando verdadeiramente sair-se dela, depois de terem chegado ao fundo do poço.

163. E não existem outros meios para alguém se liberar do carma?

Sempre é possível atenuar um carma, amando a Deus e ao próximo.

164. Só isso?

Não me refiro a um amor inativo ou contemplativo. O amor verdadeiro distribui-se em bênção por onde passa. Quem ama o próximo, vendo-o sofrer, sempre há de fazer alguma coisa para ajudá-lo. Isto é a caridade.

Num dos livros psicografados por Chico Xavier, um Espírito conta o caso de um médium, que chamaremos de Luiz. Ele era operário em uma serraria e, três vezes na semana, doava suas possibilidades mediúnicas a serviço do amor, num Centro Espírita. Luiz era um homem bom e prestativo a quem todos recorriam pedindo conselhos, passes e ajudas as mais variadas. Era incapaz de negar auxílio a quem quer que fosse. Certo dia, na serraria, sofreu um acidente, perdendo a ponta de um dedo. Depois dos curativos no hospital, foi para casa gozar de licença de uma semana. Mas, três dias mais tarde, como o dedo não mais doía, voltou ao trabalho. Ali passou o dia ouvindo comentários mais ou menos assim: *"A vida é mesmo muito injusta. Imagine um homem tão bom quanto o Luiz perder o dedo dessa maneira. Enquanto isso, quem merecia morrer, continua inteiro e saudável.*

De tanto ouvir comentários desse tipo, Luiz começou a ficar triste e à noite, no Centro Espírita onde trabalhava, não conseguia demonstrar a alegria costumeira. Já, ao final da sessão, o mentor espiritual da Casa fez-se presente por intermédio de outro médium e falou sobre as causas que haviam gerado aquele acidente com seu dedo. Disse-lhe que não deveria ficar triste achando que estava sofrendo inocentemente. Contou que em uma encarnação anterior ele fora senhor de escravos e, certa vez, porque um escravo lhe roubara um relógio, mandara cortar-lhe o braço. E, diante do assombro de todos, informou que o seu carma tinha sido atenuado em razão das muitas atividades benfeitoras que realizava; assim, em vez de perder o braço, perdera apenas a ponta de um dedo. O mentor encerrou a reunião lembrando as palavras do apóstolo, quando disse que *'O amor cobre uma multidão de pecados'"*.

165. Quer dizer que o carma pode ser atenuado simplesmente com a prática do bem?

Pode ser atenuado e em alguns casos até extinto, mas é necessário que essa prática seja algo sincero, procedente de um sentimento. Que seja o resultado da vibração interior de amor da criatura e não uma tentativa de barganhar, procurando enganar ou enrolar os poderes superiores.

Mas há um detalhe muito importante em toda essa questão. O carma só se acaba, quando nós realizamos as devidas transformações interiores, ajustando nosso viver às leis cósmicas.

166. Pode explicar?

Digamos que alguém desencarna de um tiro, resgatando uma ação do passado, na qual matou alguém dessa forma. Perante a lei ele está quite, mas se a sua natureza continuar agressiva estará atraindo novas agressões para si mesmo. A nossa vibração mais íntima atrai situações da mesma natureza.

167. Então, basta alguém vivenciar continuamente a mansidão, a amorosidade e fazer caridade para livrar-se de qualquer agressão?

É preciso lembrar que vivemos num mundo ainda primário, atrasado, por isso bastante sujeito às suas vicissitudes naturais, necessárias à nossa evolução. Digamos que são as dores do crescimento. E há também a questão cármica, porque não sabemos quanta coisa ainda temos a resgatar.

Mas, em qualquer situação e circunstância, **sempre** a vivência dos valores do amor e seus derivados, da honestidade e da justiça, representam passos importantes no rumo da perfeição e da felicidade. É claro que esse caminho é longo, porque a nossa natureza inferior é muito forte, mas conforme a vamos vencendo e gerando luzes em nosso interior, também essa caminhada vai ficando cada vez mais agradável e venturosa.

168. Todas essas explicações nos levam a uma questão que reflete estagnação. Se nossos problemas são resgates cármicos, então não vale a pena procurar soluções. Para quê, se de qualquer forma temos de passar por esses sofrimentos e situações para nossa evolução?

Acontece que o carma, como já disse, é a nossa conta-corrente para com a vida. Mas a lei cósmica pede evolução e todas as forças da vida nos impelem ao crescimento, não só espiritual, mas também material. As grandes descobertas que vieram beneficiar o ser humano e/ou a natureza refletem laborioso trabalho dos Espíritos do bem que são os verdadeiros mentores da evolução na Terra.

Na economia da vida nada se perde. O resgate, além de nos liberar de débitos, nos oferece o sofrimento que representa extraordinária força de transformações interiores e a oportunidade de crescimento, por meio do esforço que fazemos para atenuá-lo e para resolver os problemas que nos afligem. É assim que crescemos.

Além disso, nunca sabemos se determinado resgate cármico já não estará chegando a seu termo, só dependendo de nós o esforço necessário para sair dele. A sabedoria nos ensina que devemos aceitar o carma sem revolta, mas fazer todos os esforços para encontrar soluções e vencer a situação.

169. E quando o problema não tem solução, o que se deve fazer?

Não se acomodar. Buscar novos caminhos, como diz aquele ditado popular: "***Quem não tem cão, caça como gato***". Foi o caso daquela senhora que citamos. Ao perder a visão ela não parou, não se acomodou. Passou a desenvolver inúmeras atividades, desde a assistência a idosos e gestantes em sua própria casa e com ajuda de pessoas amigas, até o trabalho de assistência espiritual no Centro Espírita que continuou frequentando até a sua desencarnação, já em idade avançada. Para ela, a cegueira nunca foi motivo de lamentação, mas sim, geradora de força interior e de otimismo. Recebia diariamente inúmeras visitas de pessoas com os mais variados problemas. Elas chegavam abatidas e partiam aliviadas e esperançosas. Ela soube aproveitar muito bem todas as oportunidades de crescimento que a vida lhe deu, principalmente em função do sofrimento.

170. Realmente... É um exemplo para muita gente que se desespera com problemas muito menores e vive a se queixar de tudo.

As leis divinas são justas, amorosas e sábias. A sua finalidade é levar os seres ao progresso em todos os sentidos. Só que, neste nosso patamar evolutivo somos ainda muito desligados das nossas necessidades espirituais. A quase totalidade das nossas preocupações e ocupações está voltada à satisfação material e intelectual, ou seja, tudo que diz respeito à nossa sobrevivência, ao necessário e ao supérfluo, aos prazeres da carne, ao mero consumismo, à intelectualidade. O lado espiritual permanece muito abandonado. É natural, então, que muitos permaneçam estagnados em sua evolução, já que os chamamentos espirituais pouca ressonância encontram na alma da maioria das pessoas.

171. Não concordo. A procura às religiões nunca foi tão intensa como hoje.

É verdade, mas a imensa maioria das pessoas que procura uma religião o faz por motivos os mais variados. Poucos estão verdadeiramente em busca de Deus, levados por sua religiosidade. As religiões são caminhos estabelecidos pelos homens, por meio dos quais as pessoas acreditam que chegarão ao Paraíso depois da morte. Outros creem que vão alcançar benefícios materiais por intermédio dela e, outros ainda, procuram a cura, enquanto muitos estão buscando poder.

172. E o carma pode ser imposto a alguém?

Certamente pode, a depender das circunstâncias. Os Espíritos falam em reencarnações compulsórias, quando certos Espíritos renitentes, ou que não estão em condições de optar, são levados a reencarnar e sua programação é feita por Espíritos superiores, atendendo às suas necessidades de resgate e evolução.

Mas ocorre também que os Espíritos mais primários reencarnam de forma quase automática, pela força da própria vida, ao passo que os mais adiantados em termos de intelecto, de aptidões, de capacidade, já recebem mais atenção para as suas reencarnações. Espíritos cujo programa reencarnatório estará ligado à comunidade, aqueles que terão tarefas mais abrangentes em qualquer setor das atividades ou da vivência humana, recebem atenções especiais, não apenas para seus programas de vida, mas também no decorrer da mesma. Quem assume maiores responsabilidades com relação à vida e à evolução da humanidade, é natural que receba também maior assistência do mais alto.

173. O que faz com que um Espírito não esteja em condições de optar?

Dentre outras, o seu estado mental. No livro *Ícaro Redimido*, o Espírito Adamastor, pela psicografia de Gilson Freire, narra atividades na colônia espiritual Portais do Vale, situada na entrada de um vale dos suicidas. Ali, ele e sua equipe atenderam ao Espírito Santos Dumont, que havia desencarnado por suicídio, levado por uma forte depressão.

Aquele Espírito se encontrava em condições precárias, a ponto de entrar em processo de ovoidização. Eles tiveram então de providenciar-lhe uma reencarnação, mesmo sabendo que suas vibrações, de tão pesadas, não iriam permitir que a gestação chegasse a termo.

174. O que é ovoidização?

Vamos recorrer às explicações do Espírito Adamastor, no livro citado, quando diz: *"A ovoidização é uma das mais pungentes enfermidades que podem acometer o Espírito depois da morte. Consiste na perda da consciência ativa, quando o eu consciente desmorona-se completamente, em decorrência de atrozes e insuportáveis sofrimentos, voltando-se sobre si mesmo, anulando-se e perdendo todo o contato com a realidade. A atividade consciente da alma entra em letargia, refugiando-se nas camadas do subconsciente. O pensamento contínuo se fragmenta, perdendo seu fio de condução, e a estrutura perispiritual se desfigura completamente, desfazendo sua natural conformação humana, adquirindo o formato aproximado de um ovo, cujas dimensões se aproximam de um crânio infantil. O processo é em tudo semelhante ao das bactérias que se encistam diante de condições adversas de vida, aguardando novas oportunidades para retornarem à vida normal".*

175. E eles conseguiram ajudá-lo?

Sim, conseguiram.

176. Pode acontecer de uma pessoa trazer uma missão para cumprir na Terra e, aqui, desistir?

É possível, sim. Cumprir um compromisso está na vontade da pessoa, tanto encarnada, quanto como Espírito. É o livre-arbítrio.

177. O que levaria alguém a assumir uma missão como Espírito e depois de reencarnado, desistir dela?

A visão que um Espírito tem sobre a vida e a evolução está muito mais próxima da realidade do que quando encarnado. Ao descer para a dimensão da matéria, quando de sua reencarnação, ele esquece tudo para recomeçar, como se fosse uma folha em branco, na qual a vida irá escrever sua história. Mas trará latentes, no inconsciente, todas as suas aptidões, experiências, conhecimentos e a sua programação para a nova encarnação. Ao ingressar na dimensão material, se as atrações da matéria se fazem mais fortes, mais poderosas do que as suas disposições para o cumprimento da missão ou da tarefa assumida, ele pode desistir dela. Muitas vezes também são as dificuldades naturais da vida que o levam a desistir, por falta de vontade ou mesmo de confiança nas forças superiores.

178. E os Espíritos mentores não podem orientá-lo para que não deixe de cumprir sua missão?

Os mentores espirituais sempre estão presentes, nos orientando, lembrando os compromissos que assumimos e, isto, das mais variadas maneiras, mas geralmente não prestamos atenção a eles, aos indicativos que fazem surgir em nosso caminho, porque dificilmente um Espírito se põe a dizer claramente a alguém que este tem determinada tarefa a cumprir. Eles nos orientam de formas mais sutis e também durante o sono, quando saímos do corpo físico e assim, na dimensão espiritual, somos capazes de interagir com eles. Ao acordarmos, geralmente não nos lembramos dos fatos em si, mas nos vem à mente ideias relacionadas com o assunto, assim como uma cobrança interna. Nós atendemos a essa cobrança ou não, de acordo com nossa vontade.

Há casos também em que uma pessoa, desde a infância, sente que tem uma missão a cumprir. Mas, ao invés de procurar preparar-se de forma adequada e ir trabalhando no que lhe apareça, ocupa-se em querer saber qual será essa sua missão, perdendo com isso tempo e energia. Então, quando deveria iniciar verdadeiramente a sua tarefa, não está preparado ou em condições adequadas para assumi-la.

As grandes missões começam nos primeiros pequenos e insignificantes passos. Se alguém não é capaz de fazer o pouco, o insignificante, também não será capaz de fazer o muito.

Transcomunicação Instrumental

179. Certa vez, eu li algo sobre comunicações de Espíritos por meio de um gravador. Isso é mesmo possível?

Trata-se da Transcomunicação Instrumental – TCI.

180. Gostaria de saber mais sobre isso.

Essas comunicações começaram a acontecer, chegando ao conhecimento público, em 1959, na Suécia, quando Friedrich Jürgenson, gravando canto de pássaros no campo, espantou-se ao ouvir coisas estranhas em meio à gravação. De começo, eram barulhos, sinais acústicos, trechos de frases. Depois, eram vozes de pessoas falecidas, que falavam com ele e respondiam perguntas. As falas eram curtas e, por vezes, sem sentido.

Jürgenson passou então a realizar as mais diversas experimentações até convencer-se de que eram mesmo Espíritos que estavam se comunicando. Foi quando decidiu apresentar seus trabalhos a cientistas, técnicos em informática, parapsicólogos e jornalistas. Em 1964, publicou seu primeiro livro *Les voix de l'Univers.*

Esse foi o primeiro passo nos caminhos da TCI porque, logo que as revelações de Jürgenson vieram a público, vários cientistas e estudiosos, na Europa e nos Estados Unidos, passaram a desenvolver pesquisas, a construir aparelhos e utilizar técnicas que foram ampliando as possibilidades de comunicação, as quais começaram a acontecer também por meio de computadores, rádio, fax, telefone, e com som e imagem por aparelhos de TV.

Um fato interessante ocorreu em 1980, enquanto aconteciam os funerais de Jürgenson. Numa cidade a 700 km de distância, um transcomunicador recebeu ordem mental para ligar a TV, sintonizá-la num canal inexistente e preparar-se para fotografar. Após vários minutos de espera, repentinamente surgiu um clarão no canto da tela e aos poucos foi-se formando a imagem de Jürgenson. As fotos dessa impressionante sequência foram publicadas, juntamente com o relato, no jornal Folha Espírita, pelo conhecido cientista brasileiro, já desencarnado, Dr. Ernane Guimarães Andrade.

181. Impressionante!

As pesquisas sobre TCI têm despertado a atenção de vários meios científicos, e grande parte dos que as realizam em condições laboratoriais, são da área da Física, Engenharia Eletrônica e especialistas em Processamento de Sinais, com suporte da Matemática.

Um dos grandes pesquisadores de TCI, padre François Brune, encerrando seu livro *Linha Direta do Além*, afirma: ***"Estou verdadeiramente convencido de que, com a TCI, dispomos de novos meios, fantásticos, que nos garantem nossa sobrevivência após a morte."***

182. Um momento. Está querendo dizer que um padre católico também andou fazendo essas pesquisas?

Sim. O padre François Brune é sacerdote católico, da ordem de S. Sulpício. Poliglota e com vasta cultura, tanto teológica, quanto nos mais diversos segmentos do conhecimento humano, há vários anos interessava-se pelas experiências nas Fronteiras da Morte. Em 1987 conheceu, em Luxemburgo, o casal de pesquisadores de TCI, Jules e Maggy Harsch-Fischbac, que conseguiam contato com os Espíritos (voz e imagem), por meio de aparelhos eletrônicos.

Padre Brune, então, diante das evidências que foi encontrando, decidiu-se a também pesquisar esse fenômeno num largo leque de investigações, analisando todas as hipóteses, desde manifestações do inconsciente (coletivo ou individual), interferências de emissoras de rádio ou televisão, até a possibilidade de fraudes, e acabou concluindo, como todos os demais pesquisadores, tratar-se realmente da comunicação de "mortos" ou Espíritos. E estes ajudavam, inclusive emitindo frases compostas por diversas línguas, para asseverar não tratar-se de emissoras de rádio da Terra.

183. E esse padre é mesmo da Igreja Católica?

É sim. Ele é bacharelado em Latim, Grego e Filosofia. Cursou seis anos de *Grand Seminaire.* Tem cinco anos de curso superior de Latim e Grego na Universidade de Sorbone. Estudou as línguas assírio-babilônico, hebreu e hierógrifos egípcios. Foi licenciado em Teologia no Instituto Católico de Paris em 1960, e em Escritura Sagrada, no Instituto Bíblico de Roma, em 1964. Foi professor de diversos *grands Seminaires* durante sete anos. Estudou a tradição dos cristãos do Oriente e dedica-se a estudos dos fenômenos paranormais.

Por esse currículo (parcial) é possível perceber que não se trata de qualquer um.

Padre Brune escreveu também o livro *Os Mortos nos Falam* e dedicou-se por muitos anos a viajar pelo mundo fazendo conferencias sobre TCI. Num de seus livros ele diz: *"O escandaloso é o silêncio, o desdém, até mesmo a censura exercida pela Ciência e pela Igreja a respeito da descoberta inconteste mais extraordinária de nosso tempo: O após vida existe e nós podemos nos comunicar com aqueles que chamamos de mortos".*

184. Como é que nunca ouvi falar nesse padre?

Talvez porque seu foco nunca esteve voltado para essa área, mas se procurar na Internet vai encontrar muita coisa sobre ele.

Em 1994, Pe. Brune realizou duas conferências em Fortaleza – Ceará, que tivemos oportunidade de filmar. Nessas ocasiões, ele apresentou grande número de fotografias, filmagens e gravações em áudio, explicando a forma ou os meios pelos quais haviam sido obtidas, todas em sua presença.

Numa daquelas gravações, feita no laboratório de Jules e Maggy Harsch-Fischbac, em Luxemburgo, a voz do Espírito falando em francês sobre a vida e a eternidade, estava perfeitamente audível e ali, naquele momento, com aquelas palavras vindas do além, apresentadas por um sacerdote carregado de títulos e altamente respeitado no seio da sua Igreja, firmava-se a convicção nos assistentes de que somos viajores da eternidade, que a vida não morre, e que os nossos entes mais caros que partiram para a "grande viagem" não se finaram, mas estão vivos em outras dimensões de vida, e até podem comunicar-se conosco.

185. E essa TCI tem alguma finalidade prática?

Antes de mais nada, ela confirma a existência da dimensão espiritual e a possibilidade de comunicação dos Espíritos. E há também vários núcleos de TCI que se ocupam em atender pedidos, principalmente de mães que perderam filhos e buscam desesperadamente contato com eles.

É verdade que em todos os terrenos sempre há fraudadores e pode haver enganos, mas quando muitos pesquisadores sérios se ocupam em investigar um fato, afirmando sua veracidade, e quando, como é o caso da TCI, ele nos toca com os dedos da esperança... Só nos cabe dizer: "Graças a Deus"!

186. E a Igreja, o que diz sobre tudo isso?

No livro *Linha Direta do Além*, padre Brune detalha um fato pioneiro da TCI, envolvendo diretamente a Igreja. Conta que o primeiro caso de voz gravada foi obtido em Milão, no laboratório de física experimental da Universidade Católica, quando o padre Agostino Gemelli, físico de renome e fundador da Universidade, então Presidente da Academia Pontifícia, realizava experimentos juntamente com o padre Pellegrino Ernetti. Padre Gemelli ouviu a voz de seu próprio pai gravada em fita cassete, fazendo comentário sobre uma observação que ele fizera ao padre Ernetti. Ambos levaram o fato e a gravação ao conhecimento do Papa Pio XII, que os tranquilizara, ao considerar que esse fenômeno é do domínio da ciência, estimulando-os a prosseguir, dizendo que esse fato ***"poderá, talvez, marcar o início de um novo estudo científico que virá a confirmar a fé no além"***.

187. Se tudo isso é verdade, por que então nunca tomamos conhecimento de alguém que tenha recebido mensagens dos Espíritos por algum meio eletrônico?

A TCI é algo muito complexo e requer um suporte adequado. Não é só ligar um rádio para ouvir os Espíritos.

Os transcomunicadores realizam pesquisas principalmente na área da física e da eletrônica, buscando adequar instrumentos para a recepção das mensagens, e nisso eles são assessorados pelos próprios Espíritos. É um trabalho que ocorre simultaneamente nas duas dimensões, a material e a espiritual.

Atualmente, no Brasil, o Instituto de Pesquisas Avançadas em Transcomunicação Instrumental – IPATI é outro pólo importante de pesquisa e experimentação, que tem obtido excelentes resultados.

Quem quiser conhecer melhor esses resultados e a própria TCI, vai encontrar farto material bibliográfico e também na Internet.

188. Tudo isso é muito novo para mim e fico pensando se há utilidade em saber o que nos espera depois da morte.

É muito importante conhecer esses caminhos, mesmo porque, esse futuro estamos construindo agora. A quem não se interessa por ele basta continuar como está e, depois da morte, talvez vá engrossar as fileiras de Espíritos sofredores que procuram ajuda nos Centros Espíritas.

189. Deus me livre! Que ideia mais macabra!

Não tem nada de macabro nessa ideia. E não é uma ideia. É uma realidade...

Desencarnação

A morte, ou desencarnação, conduz cada Espírito para a situação ou faixa vibratória apropriada e merecida. Isto ocorre pela força da lei das afinidades vibratórias.

190. Há uma pergunta muito simples, mas muito difícil de fazer, por causa do medo que essa ideia gera. É sobre a morte.

O conhecimento espírita nos mostra, e as pesquisas demonstram, que ela, a morte, ou desencarnação como preferimos dizer, é simplesmente continuação da vida. É apenas uma passagem para outro estado vibratório.

191. Como ela acontece?

É claro que cada caso é diferente dos demais, mas é sempre o supremo momento em que alguém encerra sua vida no corpo físico e no plano material, retornando ao mundo espiritual. Nesse momento, aqueles que têm merecimento recebem maior auxílio espiritual e podem contar com a presença de Espíritos amigos e de parentes desencarnados, conforme a situação.

192. Você fala sempre em merecimento. Que tipo de merecimento é esse?

É principalmente a prática da caridade.

Essa palavra foi muito utilizada na codificação do espiritismo, como sendo o ponto alto do amor posto em ação, contido nesta máxima *"Fora da caridade não há salvação"*. Nos meios espíritas a prática da caridade sempre tem feito parte das atividades nos Centros, desde o auxílio material aos necessitados, até a ajuda espiritual a encarnados e desencarnados, em todas as suas formas.

Ocorre que, com o passar do tempo, essa palavra acabou ganhando uma conotação um tanto quanto humilhante para quem a recebe e orgulhosa a quem a faz, porque quando entendemos que estamos fazendo caridade a alguém, já nos colocamos numa condição superior, como se, do alto da nossa importância, estendêssemos a mão para dar algo ou ajudar alguém que se encontra abaixo de nós. Por isso não gosto de utilizá-la. Prefiro dizer "amor em ação", ou melhor ainda, compaixão, conforme entendimento budista.

193. Como é essa compaixão pelo entendimento budista?

Em 2004, tive a oportunidade de assistir a uma palestra do lama Padma Samten, no Fórum Espírita de Pernambuco sobre compaixão e amor, na forma como são entendidas pelo budismo. A explicação e exemplificação do lama deram tal amplitude a essa questão, que vale a pena repassá-la:

"Digamos que alguém olha para uma planta que se encontra num vaso dentro da casa. Pelo olhar compassivo, em vez de observar se gosta dela ou não, pergunta como é que ela se sente sem a luz do sol, a água da chuva e sem as suas plantas amigas e companheiras. Quando olhamos uma planta pensando se gostamos ou não, nossa mente opera obstruída pela sensação de gostar ou não gostar. Uma inteligência maior é olharmos para aquela planta perguntando

do que ela necessita. E mais do que isso, nós podemos olhá-la e ver com os olhos do bom jardineiro quais as flores e frutos que essa planta tem escondidas dentro dela, e que ela mesma não sabe. (...) Olhar o outro e ver o que afeta a existência dele, para nos manifestarmos de forma positiva para remover os obstáculos, isso é compaixão. Para promover as qualidades positivas, isso é amor.

Através de cinco cores nós podemos praticar a compaixão.

A primeira é a ***azul****. Através dessa cor nós olhamos para o outro e o acolhemos, e também perguntamos quais as flores e frutos escondidos nesse ser.*

Temos a compaixão ***amarela****, de um amarelo-dourado, que significa generosidade, riqueza, meios. Então, quando vamos ajudar alguém nós podemos não somente ouvi-lo, entendê-lo, aspirar o bem, mas podemos eventualmente fazer algo mais.*

Vamos supor, como acontece lá no sul, de tanto em tanto, que o rio subiu e a casa foi destruída. A gente pode visitar o desabrigado e dizer: você não se preocupe tanto... isto passa. É uma boa ajuda, mas com a cor ***amarela*** *podemos auxiliar para que passe mais rápido, oferecendo um suporte prático.*

Depois temos a cor ***vermelha****, que simboliza o eixo. Ela vem da sedução, daquilo que nos encanta. Então, que possamos produzir no outro um encantamento positivo, um eixo positivo. Assim, a cor vermelha vai nos ajudar a dizer àquela pessoa que é melhor não reconstruir a casa no mesmo lugar porque o rio pode subir de novo. Dessa forma, muitas vezes não basta que a gente ajude o outro a reconstruir, mas que o ajude a fazê-lo numa situação melhor. Para isso precisamos da sabedoria dos eixos. Para os* *nossos filhos não podemos abdicar disso. Não precisamos impor os eixos, eles não são impostos. Mas se dissermos: eu não devo ajudar o outro a criar uma estrutura positiva, um referencial positivo, estaríamos nos omitindo e isso seria uma atitude sem compaixão.*

No entanto não bastam essas três formas.

Há um momento em que vemos uma criança puxando uma toalha com uma leiteira de leite fervente em cima. Se não gritarmos, a criança puxa e se queima. Quando gritamos nós não nos opomos à criança. Nós estamos a favor dela. Quando dizemos, não faça isso, nós interrompemos uma ação negativa. Então muitas vezes é necessário manifestar o que se chama a cor ***verde****. No budismo isso é chamado 'a família karma', onde vemos a negatividade surgindo e a obstruímos. Nós nos impomos diante da negatividade, interrompendo-a. Não somos contra a pessoa, somos a seu favor.*

E há ainda a cor ***branca****, a culminância da compaixão, porque ainda que eu acolha, ainda que propicie meios, ainda que ofereça eixos, ainda que obstaculize a negatividade, se não revelar a natureza ilimitada, não tive a compaixão, a generosidade, a amorosidade de descobrir essa natureza ilimitada e oferecer às outras pessoas, então as outras compaixões são muito menores, são quase sem sentido.*

O que dá sentido à vida é que todos marchamos para a consciência da natureza última e vivemos inseparáveis disso. A nossa vida não teria culminância, não teria completude, sem a cor branca em que nós reconhecemos a natureza ilimitada. Então, a compaixão maior é podermos oferecer aos outros essa natureza."

194. Nunca havia pensado por esse prisma. Isso realmente muda nosso entendimento sobre essa questão.

Essa explanação do lama reflete o que é verdadeiramente caridade, aquela que os Espíritos apresentaram como sendo o único caminho para a "salvação".

195. Mas voltemos àquele assunto que deixa qualquer um nervoso. De que forma acontece a morte, vista pelo lado espiritual?

O Espírito André Luiz, pela psicografia de Chico Xavier, narra alguns casos de desencarnação no livro *Obreiros da vida eterna.* Um desses casos foi o de um médium espírita, o Dimas, que voltava a pátria de origem, depois de uma vida de lutas e sacrifícios no cumprimento da missão mediúnica que assumira.

196. Que pátria de origem é essa?

É o mundo espiritual, pátria original de todos nós.

197. E esse Dimas mereceu receber ajuda especial dos Espíritos?

Sim, mereceu. É como Jesus disse: ***"Digno é o trabalhador do seu salário".***

Para buscá-lo havia uma equipe espiritual da qual André Luiz fazia parte. Era chefiada pelo assistente Jerônimo, Espírito de alta graduação e com profundos conhecimentos em vários setores da vida.

Já ouviu falar em visita da saúde?

198. Já, é quando uma pessoa moribunda de repente tem uma grande melhora e pouco depois morre.

André Luiz conta que a esposa do enfermo era o maior empecilho para o desligamento do marido de seu corpo carnal, porque chorava muito, emitindo forças de retenção que prendiam o moribundo em vasto emaranhado de fios fluídicos cinzentos.

199. Um empecilho? Que coisa mais mórbida! É como se a morte fosse algo bom... Eu, hein?

Não diria que a desencarnação seja algo bom ou ruim. Ela faz parte da vida que, aqui na matéria, tem um começo e um fim, e quando chega a hora de alguém retornar ao mundo espiritual os familiares e amigos devem ajudar ao invés de dificultar esse retorno. Essa dificultação gera sofrimentos a quem está a se despedir.

200. Você falou em fios fluídicos? O que é isso?

Nossos pensamentos e emoções podem criar no plano espiritual elementos e formas de acordo com o teor das nossas emissões.

Pois bem. A presença da esposa era um obstáculo ao trabalho da equipe espiritual que ali estava para desligar Dimas Espírito de seu corpo carnal, que não tinha mais condições de manter a vida física.

201. Não acha isso muito cruel?

Para muitos, a desencarnação parece algo cruel, porque não conhecem a outra dimensão de vida, mas para os espíritas, em casos como esse, ela significa libertação. Além disso, todos se vão quando chega a hora. Crueldade seria forçar a permanência de alguém num corpo sem condições, prolongando seu sofrimento.

Mas, voltando ao caso Dimas, o assistente Jerônimo desintegrou todos aqueles fios e ministrou energias vitais ao moribundo. Ele teve, então, uma melhora súbita. Serenou, respirando aliviado, conversou com a esposa e os filhos, dizendo que estava bem melhor e que eles fossem repousar. Ao constatar as melhoras do doente, todos se retiraram. Parte da equipe espiritual acompanhou-os, para dar-lhes a devida assistência. Enquanto isso o assistente Jerônimo deu inicio ao delicado trabalho de desligamento de Dimas Espírito de seu corpo carnal.

202. Quer dizer, os Espíritos começaram a matá-lo...

Concordo em que é difícil conseguirmos entender e aceitar realidades como essa. Vemos as coisas pelo nosso prisma, completamente distorcido pela materialidade, mas a percepção das realidades maiores é bem diferente para os Espíritos, eles enxergam o antes, o agora e o depois. Para eles, o momento feliz é quando alguém retorna ao mundo espiritual depois de uma vida bem vivida, isto no sentido espiritual, ou seja, quando essa pessoa aproveitou a encarnação para resgatar velhas culpas e evoluir espiritualmente.

Quanto ao Dimas, o que o matou foi a doença e a depauperação física, o esgotamento das energias vitais. Os Espíritos promoveram seu desligamento do corpo carnal, por ordem superior. Havia chegado seu momento de partir.

203. E se os Espíritos não tivessem feito esse desligamento, o que aconteceria?

Sua desencarnação se daria de qualquer forma, só que de maneira talvez mais dolorosa e em piores condições. Dimas recebeu essa ajuda porque tinha merecimento.

204. Quer dizer que morte sem dor, é sinal de mérito e a agonia prolongada é falta de merecimento?

Não é isso. A agonia prolongada é sempre benéfica para o Espírito. Se não fosse, esse sofrimento não existiria. É a hora da verdade, da avaliação justa e séria de toda a sua existência. É também o período em que as células do corpo espiritual se liberam das energias restantes do plano físico, permitindo ao Espírito, após o desenlace, maior lucidez e liberdade na dimensão espiritual. E é claro que não conhecemos todos os detalhes ou "porquês", mas os Espíritos sempre dizem que é importante para o desencarnante esse período pré-agônico e agônico.

205. Isto quer dizer que a eutanásia nesses casos seria um erro?

A eutanásia, em qualquer caso seria um erro grave, porque é o mesmo que achar que Deus não sabe o que faz, já que vida e morte devem estar em suas mãos.

206. Mas voltemos ao caso do Dimas. Agora estou querendo saber como a morte acontece.

Está bem. Eu vou ler esse trecho, onde André Luiz diz assim: ***"O Padre Hipólito e Luciano, depois de tecerem uma rede fluídica de defesa em torno do leito, para que as vibrações mentais inferiores fossem absorvidas, permaneceram em prece ao lado, enquanto eu mantinha a mão direita sobre o plexo solar do agonizante".***

207. Que é plexo solar?

Conforme a Wikipédia, a enciclopédia livre da Internet, é um agrupamento autônomo de células nervosas no corpo humano, localizado atrás do estômago, e consiste em duas glândulas e uma rede de nervos ligando-as. A yoga, o hinduísmo, o esoterismo e outras doutrinas espiritualistas ensinam que os plexos têm ligação com os centros de força conhecidos como chakras, que captam energia e a distribuem entre os diversos corpos do ser humano, ou seja, o corpo físico, o duplo etérico e o corpo espiritual que, por sua vez, é composto de outros corpos tais como o mental, o búdico, etc.

208. Obrigado, mas continue, por favor!

André Luiz continua, dizendo: *"Iniciaremos agora as operações decisivas – declarou-nos Jerônimo, resoluto –, antes, porém, forneçamos ao nosso amigo a oportunidade da oração final".*

209. Oração final? Isso é necessário?

Os Espíritos superiores dizem que a oração é muito importante em todos os momentos difíceis ou graves da existência e a desencarnação é um deles.

210. Tem razão, mas continue a leitura.

"O assistente tocou-o, demoradamente, na parte posterior do cérebro. Vimos que o agonizante passou a emitir pensamentos luminosos e belos. Não nos via, nem nos ouvia de maneira direta, mas conservava a intuição clara e ativa. Sob o controle de Jerônimo, experimentou imperiosa necessidade de orar e, embora os lábios cansados prosseguissem imóveis, assinalamos a rogativa mental que endereçava ao Divino Mestre".

E André Luiz reproduz a prece de Dimas, onde ele fala dos seus desacertos e pede a misericórdia divina naquele momento tão decisivo. Pede também a presença de sua mãe, já desencarnada há muito tempo.

Diz André Luiz que o coração de Dimas parecia um foco radioso de luz e que, a seguir, deu entrada no aposento um Espírito de grande luminosidade. Era sua mãe. Ela colocou-se então de tal forma, que a cabeça do moribundo ficava em seu colo, e ela lhe acariciava os cabelos, com muita ternura.

211. Que coisa bonita!

Como vê, em muitos casos a desencarnação é realmente um momento sublime. E André Luiz continua a narrativa, dizendo: *"Jerônimo iniciou o complexo serviço de magnetização. Em primeiro lugar insensibilizou inteiramente o vago, para facilitar o desligamento nas vísceras. A seguir, utilizando passes longitudinais, isolou todo o sistema nervoso simpático, neutralizando, mais tarde, as fibras inibidoras do cérebro. E porque eu indagasse, tímido, por onde iríamos começar o trabalho do desligamento, explicou-me o orientador:*

– Segundo você sabe, há três regiões orgânicas fundamentais que demandam extremo cuidado nos serviços de liberação da alma: o centro vegetativo, ligado ao ventre, como sede das manifestações fisiológicas; o centro emocional, zona dos sentimentos e desejos, sediado no tórax, e o centro mental, mais importante por excelência, situado no cérebro.

Minha curiosidade intelectual era enorme. Entendendo, porém, que a hora não comportava longos esclarecimentos, abstive-me de indagações. Jerônimo, todavia, gentil como sempre, percebeu-me o propósito de pesquisas e acrescentou:

– Noutro ensejo, André, você estudará o problema transcendente das varias zonas vitais da individualidade.

Aconselhando-me cautela na ministração de energias magnéticas à mente do moribundo, começou a operar sobre o plexo solar, desatando laços que localizavam forças físicas. Com espanto, notei que certa porção de substancia leitosa extravasava do umbigo, pairando em torno. Esticaram-se os membros inferiores, com sintomas de esfriamento.

Dimas gemeu em voz alta, semi-inconsciente.

Acorreram familiares, assustados. Sacos de água quente foram-lhe apostos nos pés. Mas, antes que entrassem em cena, Jerônimo, com passes concentrados sobre o tórax, relaxou os elos que mantinham a coesão celular no centro emotivo, operando sobre determinado ponto do coração, que passou a funcionar como bomba mecânica, desreguladamente. Nova cota de substância desprendia-se do corpo, do epigastro à garganta, mas reparei que todos os músculos trabalhavam fortemente contra a partida da alma, opondo-se à libertação das forças motrizes, em esforço desesperado, ocasionando angustiosa aflição ao paciente. O campo físico oferecia-nos resistência, insistindo pela retenção do senhor espiritual."

212. Quer dizer que o corpo queria reter o Espírito?

Exatamente. Mas, voltemos à narrativa de André Luiz:

"Com a fuga do pulso, foram chamados os parentes e o médico. No regaço maternal, todavia, e sob nossa influenciação direta, Dimas não conseguia articular palavra ou concatenar raciocínios.

– Alcançamos o coma, em boas condições – informou Jerônimo."

213. É impressionante como a maneira dos Espíritos verem essas questões, é tão diferente da nossa.

Isso é natural. Nós só percebemos o espaço limitado da dimensão material, mas eles estão além dessas limitações.

214. Mas, continue o relato de André Luiz:

"O assistente estabeleceu reduzido tempo de descanso, mas volveu a intervir no cérebro. Era a última etapa. Concentrando todo o seu potencial de energia na fossa romboidal, Jerônimo quebrou alguma coisa que não pude perceber com minúcias e, brilhante chama violeta-dourada desligou-se da região craniana, absorvendo, instantaneamente, a

vasta porção de substância leitosa já exteriorizada. Quis fitar a brilhante luz, mas confesso que era difícil fixá-la, com rigor. Em breves instantes, porém, notei que as forças em exame eram dotadas de movimento plasticizante. A chama mencionada transformou-se em maravilhosa cabeça, em tudo idêntica à do nosso amigo em desencarnação, constituindo-se, após ela, todo o corpo perispiritual de Dimas, membro a membro, traço a traço. E, à medida que o novo organismo ressurgia ao nosso olhar, a luz violeta-dourada, fulgurante no cérebro, empalidecia gradualmente, até desaparecer, de todo, como se representasse o conjunto dos princípios superiores da personalidade, momentaneamente recolhidos a um único ponto, espraiando-se, em seguida, através de todos os escaninhos do organismo perispirítico, assegurando, desse modo, a coesão dos diferentes átomos, das novas dimensões vibratórias."

215. Meu Deus! Apesar da deprimente sensação que a morte nos dá, isso é simplesmente maravilhoso. A vida saindo do corpo imprestável e se reaglutinando em novo corpo, em outra dimensão. Eu imaginava que a morte seria simplesmente a saída do corpo espiritual de dentro do corpo carnal.

A vida infinita, em todos os seus momentos, reflete a alma divina. Mas essa narração de André Luiz é muita extensa, porque há também os primeiros períodos após a desencarnação, que são importantes de serem conhecidos. Quem quiser conhecê-los mais detalhadamente, pode recorrer à vasta bibliografia espírita.

Mas nem todas as desencarnações ocorrem dessa forma. É como disse, depende dos merecimentos e das necessidades evolutivas de cada um.

Desencarnações coletivas

216. Com tantas catástrofes, tantos grandes acidentes que acontecem, como o espiritismo explica essas mortes coletivas, nas quais muitas pessoas compartilham de um destino igual?

Esses casos refletem, em grande parte, os resgates determinados pelo carma ou lei de ação e reação.

217. Quer dizer que as pessoas envolvidas, estariam pagando culpas de vidas passadas?

Com certeza, muitas estariam resgatando erros do passado, mas ocorre também que muitos sofrimentos acontecem como necessidade de algum aprendizado.

Nos resgates coletivos, a força da lei maior reúne pessoas com dívidas semelhantes, e elas sofrem então, o resultado de suas ações do passado, liberando a própria consciência diante das leis divinas.

218. E quanto às grandes catástrofes, como terremotos, tsunamis e outras que vitimizam dezenas e até centenas de milhares de pessoas? Não dá para acreditar que todas tenham débitos semelhantes a resgatar.

Esses casos devem ser vistos como determinações superiores, que jamais atuam de forma injusta. Devemos lembrar também que estamos em transição de "mundo de provas e expiações" para "mundo de regeneração", ou seja, um modelo bem melhorado. Nesta fase deverá acontecer também o exílio de grandes contingentes de Espíritos, que irão reiniciar suas etapas evolutivas em mundos ainda inferiores à Terra, quando terão novas oportunidades de resgates e de crescimento espiritual.

Assim, as grandes catástrofes ocorrem como acontecimentos naturais, ou provocados pelo próprio ser humano, devido à sua ganância e desrespeito para com a natureza, e as desencarnações em massa refletem o cumprimento das determinações superiores já citadas.

219. Quer dizer que todas essas pessoas que perecem nas grandes catástrofes vão ser exiladas da Terra?

De forma alguma. Cada caso é um caso à parte, mas creia, os poderes superiores que nos comandam são justos, sábios e amorosos. Eles têm o controle de tudo em suas mãos e os remanejamentos planetários obedecem à lei que visa à evolução de todos. Lembremos que o Mestre disse que nenhuma das ovelhas do Pai se perderia.

220. Por que em muitos casos de mortes coletivas alguns se salvam enquanto outros morrem?

Cada caso é diferente dos demais e todas as ocorrências se dão de acordo com o planejamento superior, tendo sempre em vista as necessidades evolutivas e os merecimentos de cada um.

221. Mas os que morrem, morrem todos da mesma forma.

Mas os desfechos são diferentes. Nesses casos, muitos dos recém-desencarnados são retirados imediatamente e conduzidos a instituições socorristas do mundo espiritual; outros permanecem por algumas horas, presos ao corpo carnal, ou ao local do acidente, enquanto outros ainda ficam ali vários dias, sentindo todos os horrores da situação.

222. Que coisa medonha! Por que isto acontece dessa forma?

Cada Espírito recebe sempre o tratamento que fez por merecer. Se a lei de causa e efeito leva alguém a desencarnar num acidente aéreo, por exemplo, isto fatalmente ocorrerá, mas a maneira como vai ocorrer, depende dos méritos, ou deméritos dessa pessoa, de como viveu a atual encarnação e também do tipo e do montante das culpas trazidas das outras existências. A cada um realmente é dado de acordo com suas obras.

Mediunidade

223. O que é exatamente mediunidade?

A mediunidade é uma faculdade do ser humano, que lhe permite transpor as barreiras vibratórias entre o mundo de matéria densa e o mundo espiritual. Pode-se dizer que é um canal entre nós e as outras dimensões de vida; que pode ser de luz ou de sombras, cabendo ao médium iluminar esse canal com os valores mais nobres da vida, utilizando-o para a prática do bem. Ocorre que ele também pode torná-lo em instrumento de interesses rasteiros, gerando sofrimentos para si mesmo, nesta mesma existência e em futuras reencarnações.

224. Você disse "faculdade do ser humano". Quer dizer que qualquer pessoa pode ser médium?

Sim. A mediunidade nada tem a ver com a raça, o sexo, a profissão, a condição social ou a religião dessas pessoas.

225. Quer dizer que até mesmo uma pessoa não espírita, ou de outra religião pode ser médium?

Não apenas pode, como existem e sempre existiram médiuns em todas as denominações religiosas. Muitos Papas foram grandes médiuns e de vários santos da Igreja católica contam-se casos incríveis de mediunidade. Há um livro muito interessante, *O médium Dom Bosco*, no qual são narrados fatos mediúnicos daquela grande alma que foi D. Bosco.

E as ocorrências do Pentecostes? Nada mais foram do que fatos mediúnicos.

Na Inglaterra, o Reverendo Vale Owen começou a psicografar mensagens de Espíritos na própria sacristia da igreja, levado por impulso totalmente incontrolável. Essas mensagens eram assinadas por sua mãe, que descrevia a vida, no outro lado da vida. Quem tiver curiosidade para conhecer o teor dessas mensagens, realmente interessantes, vai encontrá-las nos livros que o reverendo publicou, como por exemplo, *A vida além do Véu.*

226. Porque então só vemos médiuns no espiritismo, na umbanda ou no candomblé?

A umbanda e o candomblé lidam com a mediunidade, cada qual à sua maneira, e com finalidades específicas.

O espiritismo também lida com a mediunidade e a finalidade sempre é a prática do bem.

Quando alguém começa a apresentar sintomas de mediunidade, geralmente, e se não tiver preconceitos religiosos, procura o espiritismo, ou então a umbanda ou o candomblé se sentir afinidade por eles.

227. O que acontece com uma pessoa que, sentindo sintomas da mediunidade, vai à procura de um Centro Espírita?

No Centro Espírita o médium em potencial é primeiro instruído sobre o que é mediunidade. Ele também é orientado para a importância de vivenciar a fraternidade, o amor ao próximo e levar uma vida digna, honesta, enfim, cristã no verdadeiro sentido da palavra, que irá garantir-lhe uma atividade mediúnica harmoniosa e saudável. Num Centro Espírita bem orientado o médium pode realmente desenvolver sua tarefa mediúnica com toda segurança.

228. E os outros? Aqueles que não procuram esses caminhos?

Bem, a mediunidade aflorada e não praticada dentro dos critérios de disciplina, honestidade e amor em ação, pode conduzir a inúmeras situações aflitivas, e até mesmo à loucura.

229. Quer dizer que uma pessoa que é médium, mas não quer assumir a tarefa, acaba sendo castigada por isso?

Não se trata de castigo. Deus a ninguém castiga. A pessoa que se comprometeu com uma tarefa mediúnica, mas não a assume, castiga-se a si mesma. Se, porém, assumir o compromisso e colocar sua mediunidade a serviço do bem, estará garantindo uma equilibrada utilização das suas faculdades. Caso contrário, estará deixando-as à disposição dos Espíritos com os quais sintoniza, e que poderão prejudicá-la das formas as mais diversas.

230. Que tipo de Espíritos se manifesta nos trabalhos mediúnicos?

Nos trabalhos mediúnicos espíritas manifestam-se normalmente três tipos de entidades: os mentores espirituais, que geralmente se apresentam ao final dos trabalhos para trazer alguma orientação, ou alguma mensagem direcionada ao grupo; os Espíritos sofredores, que são ajudados, aliviados, esclarecidos e encaminhados para instituições socorristas do mundo espiritual, e os obsessores, que são Espíritos perversos ou simplesmente vingativos que recebem preces e vibrações do grupo mediúnico, e são exortados a abandonarem as suas vítimas. No primeiro caso, nos preocupamos principalmente em analisar o teor moral espiritual da comunicação, a fim de identificar se ali está realmente um Espírito mentor, qualificado a dar orientações. Nos dois últimos casos a preocupação é apenas caritativa, ou seja, fazer o possível para ajudar o sofredor, o obsessor, e também as vítimas da obsessão.

231. Há outra questão que gostaria que você esclarecesse. O que faz com que alguém seja médium, que venha à Terra trazendo esse compromisso?

Existe a mediunidade missionária, decorrente da própria evolução espiritual da pessoa. São as mediunidades sublimes, de seres superiores que descem à Terra em reencarnações sacrificiais, visando ajudar a Humanidade. Essas são muito raras. A quase totalidade das mediunidades são provacionais ou de caráter evolutivo. Todos somos criaturas procedentes de um passado reencarnatório de muitas quedas espirituais e erros de conduta. Além disso, todos estamos necessitados de mais evolução, mais crescimento interior.

Nos últimos 150/160 anos, em razão da aproximação do final deste ciclo evolutivo, as forças superiores acharam por bem difundir a mediunidade sobre a Terra e então, milhares e milhares de Espíritos que deveriam reencarnar com variados tipos de limitação, ou em condição de grandes sofrimentos puderam trocar tais existências por um compromisso de tarefa mediúnica.

232. Pode explicar melhor?

Digamos que um Espírito que vai reencarnar deverá nascer com problemas de locomoção, em razão dos seus maus atos ou maus passos de vidas passadas. Pois bem. É-lhe oferecido então, pelos mentores espirituais, a troca de uma vida como deficiente físico pela de um médium comprometido a servir de ponte entre o mundo material e o espiritual, a serviço do bem. Aceita a proposta, esse Espírito recebe tratamento especializado e, ao reencarnar, já vem com a condição mediúnica, com as faculdades que irão desabrochar no momento oportuno.

233. Quer dizer que os médiuns não são pessoas especiais?

Não, eles são pessoas como as demais, embora carreguem o peso de responsabilidades maiores com o plano espiritual. Mas existem também aqueles que não têm grandes dívidas cármicas, ou seja, que não tem grandes culpas de vidas passadas a resgatar, mas que pedem tarefas mediúnicas para suas reencarnações na Terra, com vistas a um maior impulso em sua evolução espiritual. Portanto, os médiuns não são pessoas diferentes, favorecidas ou desfavorecidas pela vida, embora carreguem responsabilidades maiores.

234. E se eles não cumprirem essas tarefas?

O médium que não assume sua tarefa mediúnica continua por algum tempo a receber proteção especial dos bons Espíritos, mas quando eles se convencem de que seu pupilo não vai mesmo assumir a mediunidade, acabam por abandoná-lo à sua própria sorte. Os Espíritos benfeitores têm mais que fazer do que ficar cuidando de quem não está merecendo.

235. E então, o que pode acontecer?

Nessas condições ele passa a ser um campo aberto para influenciação espiritual negativa e poderá acabar obsedado, o que pode levá-lo a situações as mais adversas.

236. E o médium que assume seus compromissos?

Esse recebe ajuda e proteção espiritual, na medida de seus próprios merecimentos e necessidades evolutivas. Mas o mais importante é que, se cumprir a contento sua tarefa, ao desencarnar será recebido no mundo espiritual na condição de vencedor, enquanto os médiuns falidos, coitados, terão de recomeçar tudo em futuras encarnações.

237. Nunca pensei que pudesse ser assim.

Estudar a vida numa dimensão transcendental é o que há de mais fascinante. Vamos descobrindo coisas incríveis, percebendo como os mecanismos da vida conduzem os seres de forma justa e equilibrada, amparados na misericórdia divina, mas sem graças imerecidas, sem pistolões de qualquer natureza, e como as benesses da vida só são ofertadas a quem de fato as tiver merecido. Mas os acomodados, os que sofrem quedas espirituais, os que permanecem nos degraus da animalidade, esses também terão a sua oportunidade. A vida é eterna e Deus, por meio da reencarnação, dá sempre novas e renovadas oportunidades a todos os Espíritos, porque todos foram criados por Ele.

238. O que deve fazer alguém que comece a sentir algum sintoma de mediunidade?

Deve começar a pensar com seriedade sobre o assunto, porque não é em vão que os poderes superiores nos dão faculdades mediúnicas.

239. Já ouvi dizer que mediunidade é sinal de sofrimento.

É verdade que muitos médiuns sofrem... e muito. Sem dúvida sofreriam muito mais, não fosse a sua tarefa mediúnica. Entretanto, há também casos de mediunidade que não representam resgate, mas uma missão de amor que alguém resolveu assumir.

Se o sofrimento é caminho de evolução, também é instrumento de contenção e de equilíbrio. A dor, queiramos ou não, nos preserva de muitas quedas espirituais, e muitas almas valorosas não a dispensam de suas programações reencarnatórias.

240. Você disse que o médium já nasce com essa faculdade. Pode explicar melhor?

Sempre que alguém vai voltar à Terra, comprometido com tarefa mediúnica, os mentores elaboram um planejamento para suas futuras atividades. Eles também o preparam devidamente, para poder servir, quando na Terra, como intermediário entre os encarnados e os desencarnados.

O futuro médium então renasce e cresce, recebendo os devidos cuidados da parte dos Espíritos responsáveis pela sua tarefa.

Então, ao aproximar-se a época em que deve iniciar a atividade mediúnica, começam a lhe ocorrer coisas estranhas: perturbações as mais variadas, doenças que os médicos não conseguem diagnosticar, acidentes anormais, sensações perturbadoras como arrepios e formigamentos, sonhos esquisitos, pesadelos, dores de cabeça, visão ou audição de Espíritos, percepção de presenças, etc.

Nessas ocasiões, sempre aparece alguém para dizer que tudo isso pode significar mediunidade.

Pois bem, quando o médium, obedecendo ao compromisso assumido, inicia o desenvolvimento de suas faculdades, também passa a receber assistência mais direta dos bons Espíritos que irão orientá-lo e ajudá-lo de acordo com orientação superior. Mas, para que possa receber essa ajuda é necessário que se torne merecedor, sendo dedicado, responsável, e procurando melhorar sempre as próprias atitudes, tornado-as mais compatíveis com a nobreza de uma tarefa no bem.

241. Por que nos Centros Espíritas funcionam cursos para médiuns? Eles já não chegam prontos aqui, ao reencarnar?

Esses cursos são importantes para que o médium em potencial possa conhecer melhor o terreno onde vai pisar e, paralelamente, trabalhar pela própria evolução ou crescimento interior.

A conduta reta e o amor fraterno representam a sua segurança e equilíbrio como medianeiro entre a dimensão material e a espiritual. Isto é fundamental para fortalecer o seu campo energético e situá-lo fora da faixa de sintonia com entidades inferiores.

242. Pode explicar melhor?

É muito simples. O médium evangelizado, ou seja, que vivencia o amor fraterno, a honestidade, a solidariedade e demais valores ensinados no evangelho, atrai companhias espirituais que também vibram na mesma faixa, ou seja, Espíritos do bem. Neles, ele pode confiar, porque jamais lhe farão qualquer mal e só lhe darão orientações elevadas e exortações para ter uma conduta digna e nobre.

243. E se ele não é evangelizado, o que acontece?

Nós dizemos evangelizado, mais como força de expressão, porque há pessoas que nunca leram o evangelho, mas sua conduta reflete os valores ali expressos. O medianeiro que vivencia o ódio, a ganância, o desamor, a desonestidade, a sensualidade exacerbada e demais valores negativos, atrai para sua companhia Espíritos de idêntica natureza.

244. Quais são os males que Espíritos dessa natureza podem lhe causar?

Eles podem induzi-lo a usar a mediunidade para ganhar dinheiro ou poder; para fazer o mal ou para atender a seus próprios interesses. Podem induzi-lo aos vícios, à degradação moral, enfim a tudo que for contrário ao bem, à dignidade, à honradez, à caridade e à moral...

245. Qual é a posição do espiritismo com relação a essa questão da cobrança por serviços mediúnicos prestados? Na Inglaterra, por exemplo, os médiuns são sindicalizados e cobram como outro profissional qualquer.

Não são médiuns evangelizados.

246. Por que você entende que o médium que cobra não é evangelizado?

Jesus disse: ***"Daí de graça o que de graça recebestes"***, e isso Ele disse referindo-se às curas, à desobsessão, a essas atividades enfim que são realizadas por meio da mediunidade.

247. E não pode haver aí algum erro de interpretação?

Sabe se Jesus alguma vez cobrou pela cura de um cego, um paralítico, ou por haver expulso algum Espírito obsessor?

248. Não, certamente que não. Mas Ele era o Cristo. Não precisava sustentar família, e nem a si mesmo.

Mas foi Ele quem nos exortou a tomar nossas cruzes e seguir seus passos; a entrarmos pela porta estreita e seguirmos pelo caminho estreito, ou seja, a não buscarmos as facilidades da vida às custas da nossa evolução.

É preciso observar também que o dinheiro é o mais poderoso agente de corrupção da Terra. A posse do dinheiro muda muita coisa; a possibilidade de um ganho extra faz balançarem os valores morais de muita gente. O ser humano está cada vez mais ávido de dinheiro e de tudo aquilo que pode comprar ou conquistar, por isso é erro grave comercializar as atividades mediúnicas.

Sempre é possível observar que um médium, quando começa a cobrar pelo que faz, por intermédio das suas faculdades, está dando o primeiro passo em sua queda espiritual, e uma das primeiras coisas que lhe acontecem, é a perda da credibilidade. Não se confia num médium que cobra, porque a cobrança, o dinheiro, o vil metal não se casa com a elevação de um trabalho mediúnico sob a égide do Cristo.

249. Mas o médium também precisa viver.

O espiritismo não exige sacrifícios de seus médiuns. Eles trabalham normalmente, como outra pessoa qualquer; têm as suas profissões, o seu ganha-pão, e apenas uma ou mais vezes por semana participam das atividades de intercâmbio com a dimensão espiritual. As sessões já são realizadas quase que exclusivamente à noite, para não atrapalhar sua vida profissional.

A mediunidade é dada a alguém para funcionar como canal de bênçãos entre a Terra e o Céu. Usar esse canal para qualquer outro tipo de interesse que não a prática do bem, a ajuda ao próximo, é conspurcar... é macular essa fonte.

250. Da forma como você apresentou a questão, me parece mesmo acertado o espiritismo não admitir cobrança nas atividades mediúnicas.

A mediunidade com Cristo, na caridade mais pura e sob a direção de pessoas experientes e verdadeiramente fraternas, apresenta-se como ponte de luz entre a Terra e o Céu. Mas quando se propõe ao atendimento a interesses rasteiros, ao ganho de bens, de posições, de influência ou status, ou pior ainda, a fazer o mal, ela se transforma em canal para Espíritos das sombras com resultados imprevisíveis, mas sempre muito ruins.

251. O que acontece com um médium que foi esse canal para Espíritos das sombras ao chegar ao mundo espiritual, após a morte?

Ao retornar à dimensão espiritual terá de amargar suas dores, seus remorsos e o resultado de suas ações irresponsáveis ou antifraternas, sem falar em que terá de recomeçar tudo outra vez, e em condições mais desfavoráveis.

252. Gostaria de saber se são muitas as pessoas comprometidas com a mediunidade que não quiseram ou não querem assumir o compromisso.

São realmente muitas.

253. Como isto acontece?

Na maioria dos casos, o candidato a médium começa a receber o chamamento para a tarefa e não atende; muitos por medo, outros por acomodação e outros ainda, por causa de suas religiões, pois a maioria delas, sem conhecer bem o assunto, condena a mediunidade e a comunicação dos Espíritos. Mas as suas faculdades certamente começarão a aflorar mesmo assim, no tempo previsto. No entanto, pela falta de orientação adequada e pelo não cumprimento do compromisso assumido antes da reencarnação, o médium em potencial poderá vir a sofrer as mais diversas perturbações e desequilíbrios, de consequências imprevisíveis.

É preciso, no entanto, ver que não foi a mediunidade a causadora desses problemas, mas sim o descaso do próprio médium que deixou de cumprir um compromisso tão sério.

254. Já ouvi dizer que todas as pessoas são médiuns. Isso tem fundamento?

De certa forma, sim, porque todos somos passíveis de sermos influenciados pelos Espíritos, mas quando falamos em médium a referência é feita aos que tem essas faculdades mais desenvolvidas, que são capazes de transmitir o pensamento dos Espíritos, ou servir como veículo para suas manifestações na matéria.

Há médiuns, desde aqueles que possuem faculdades apenas latentes, até aqueles outros nos quais elas se apresentam com toda a sua potencialidade.

Os primeiros não têm maiores compromissos nesse terreno, enquanto uma mediunidade estuante certamente está informando que há tarefas de maior ou menor abrangência em sua pauta reencarnatória.

Também há casos em que a tarefa é ampliada no decorrer dos anos, a depender do desempenho do médium, enquanto em outros ela não chega a ser cumprida em sua totalidade. E há também aqueles, infelizmente muitos, que a abandonam a meio do caminho.

255. Quais são as principais atividades mediúnicas que acontecem num Centro Espírita?

As principais são a desobsessão e o atendimento a Espíritos sofredores.

Alguns Centros também se dedicam a curas nos mais variados formatos. Há também aqueles, são poucos, que realizam sessões de materialização de Espíritos.

As faculdades mediúnicas também são utilizadas para contatos com Espíritos orientadores, para recepção de mensagens, para escrita de livros, e muitas outras finalidades voltadas para o bem, e há ainda a pintura de quadros, por Espíritos pintores, a composição de músicas, etc.

256. Por que só agora, com o surgimento do espiritismo é que apareceu também a mediunidade?

A mediunidade existe desde sempre, porque desde sempre existiu comunicação entre essas duas dimensões de vida. A Bíblia narra inúmeros episódios de mediunidade; a Grécia antiga possuía as suas pitonisas, no Egito, na Índia e em todas as partes da Terra a mediunidade existiu desde sempre.

257. Ah, mas eram casos isolados que ocorriam principalmente nos meios iniciáticos, mas hoje, os centros espíritas estão cheios de médiuns.

Acontece que não é o espiritismo que produz a mediunidade. Os médiuns são pessoas que já renasceram com essas faculdades, e em famílias das mais diversas religiões e também de ateus. Se acabaram frequentando um Centro Espírita é porque foram levados pela própria mediunidade ou atraídos pelos compromissos que trouxeram para a atual existência.

258. Mas há quem diga que a mediunidade não passa de uma espécie de desvio psíquico ou mental de algumas pessoas, e que esses desvios se ampliam quando essas pessoas começam a frequentar centros espíritas.

Quem diz isso não tem o menor conhecimento sobre o assunto, ou então está de má fé. Muitos sábios e muitos cientistas vêm pesquisando a mediunidade desde o século XIX e constatando que se trata realmente de uma faculdade da criatura humana, ou de certas criaturas humanas. Um desses pesquisadores foi o conhecido cientista Sir William Crookes, químico e físico inglês, descobridor do tálio, membro da Royal College of Chemistry em Londres. Crookes pesquisou durante quatro anos, detalhadamente e com todos os critérios científicos, a mediunidade de materializações, concluindo que eram realmente os Espíritos que se materializavam.

Também atualmente essas faculdades continuam sendo estudadas, utilizando-se inclusive de recursos dos mais modernos, tais como a grafoscopia.

259. Mas por que só agora a mediunidade ocorre assim, de forma tão universal?

Há uma profecia na Bíblia, em Joel 2:28-29 que, referindo-se a este período de final de ciclo evolutivo, diz: *"E acontecerá, depois, que derramarei o meu Espírito sobre toda a carne; vossos filhos e vossas filhas profetizarão, vossos velhos sonharão, e vossos jovens terão visões; até sobre os servos e sobre as servas derramarei o meu Espírito naqueles dias".*

260. Mas porque agora, e não em outra época?

É porque no final deste ciclo evolutivo vem sendo realizada aquela seleção que separa o joio do trigo, ou seja, dos que vão permanecer na Terra para transformá-la num mundo melhor, e daqueles que deverão ser exilados para mundos inferiores, e a mediunidade, possibilitando esse contato com a dimensão espiritual, favorece o despertar do ser humano para as realidades do Espírito, ajudando-o a tomar o rumo certo.

Do mundo espiritual chega, por intermédio da mediunidade, a comprovação da nossa imortalidade, além dos mais variados e abrangentes esclarecimentos e exortações. É uma porta que se abre para os planos superiores da vida, a nos esclarecer e atrair para o alto.

Espíritos sofredores

261. Ouve-se muito falar em Espíritos sofredores. O que são eles?

Um Espírito sofredor é como alguém que muda para um país estranho, mas sem o cuidado de se preparar para a nova situação. Todos sabemos que um dia teremos de fazer a "grande viagem". Ocorre que essa ideia nos assusta, nos apavora tanto que preferimos não pensar no assunto, e continuamos fazendo de conta que vamos viver para sempre. Os outros irão, nós não. E então, um belo dia, chega a nossa vez. Morre nosso corpo físico e nos transferimos para a dimensão espiritual.

262. Que preparo é esse de que você falou?

As pessoas geralmente são muito apegadas ao corpo carnal e às coisas materiais, como se tudo se restringisse à matéria e, com isso, seus sentidos espirituais ficam embotados e então, quando esse tipo de pessoa desencarna, dificilmente toma conhecimento do que lhe aconteceu. Percebe que algo estranho está ocorrendo, mas como não se encontra no Céu nem no Inferno, e nem mesmo no Purgatório, não aceita a ideia de ter morrido. Pior ainda, quando se trata de um ateu, porque sua mente, cristalizada na ideia de que a morte é o fim, nem se ocupa com a possibilidade de ter desencarnado.

Esses Espíritos então voltam ao antigo lar, ou aos locais costumeiros, falam com as pessoas e elas não os percebem. Muitos, nessa situação, ficam desesperados, acreditando que enlouqueceram ou que estão vivendo um pesadelo. Outros acabam desconfiando de que talvez tenham morrido, mas mesmo assim, a maioria deles não aceita essa possibilidade e continua fazendo de conta que nada mudou. Então se acomodam como podem a essa nova situação e vão tocando a vida, perturbando os familiares, os amigos, os ex-colegas de trabalho ou lazer, transmitindo aos mais sensíveis os seus achaques, suas dores, amarguras, seu mau humor... Esse é um dos tipos de Espíritos sofredores.

263. E aquelas estórias que se escuta por aí, de Espíritos que ficam vinculados a objetos que lhes pertenceram na Terra?

Muitas têm fundamento porque, ao desencarnar, o ser penetra num ambiente onde atuam com muito maior vigor às forças da mente e das emoções, e quando alguém tem amor excessivo por um objeto, esse amor, esse apego pode agir como um poderoso ímã. E, como o Espírito não tem mais condição de atuar sobre a matéria densa, permanece ali, nas proximidades daquele objeto, pelo tempo que for preciso para se libertar desse apego prejudicial. Mas esses casos relacionados a objetos parece que são bastante raros. No entanto, é muito grande o número de Espíritos que permanecem nos ambientes onde viveram, agarrados aos parentes e aos amigos, perturbando e prejudicando essas pessoas.

264. De que maneira um Espírito desses pode prejudicar alguém?

De várias maneiras, mas principalmente por lhe transmitir seus fluidos doentios, suas emoções negativas. Nas sessões espíritas de atendimento a esses sofredores, é que se pode ver até que ponto eles podem prejudicar. Só como ilustração, vou contar um fato que aconteceu há muitos anos, em Fortaleza, com uma senhora que sofria de problemas cardíacos. Ela foi tratada pelos melhores cardiologistas da cidade, durante três anos e meio. A família precisou até mesmo vender alguns bens para financiar o tratamento. Foi quando o médico prescreveu um exame mais sofisticado e perigoso. O marido, já desesperado, resolveu levá-la a São Paulo, onde foi examinada pelo professor Zerbini, uma das maiores autoridades brasileiras em cardiologia naquela época e que fez o primeiro transplante de coração, no Brasil. Pois bem, Dr. Zerbini, feitos os exames que solicitou, assegurou-lhe, muito honestamente, que seu problema nada tinha a ver com o coração ou com o sistema circulatório, seria talvez uma inflamação na caixa torácica. De volta a Fortaleza e como os novos tratamentos não surtiam efeito, ela decidiu encarar a doença, dizendo a si mesma que não tinha nada. Isso funcionou por algum tempo, mas de repente veio a dor de cabeça, terrível e constante. Nenhum remédio surtia efeito, e já faziam dezoito ou vinte dias que a dor não passava, quando o médico receitou um analgésico mais forte, desses que fazem uma pessoa dormir um dia inteiro. Mas ela não dormiu e a dor de cabeça não passou.

Essa senhora era católica fervorosa e, como toda boa católica, tinha horror ao espiritismo. Mas a dor era tanta que ela resolveu acompanhar uma amiga que a levou a um médium de excelentes faculdades. O médium olhou para ela e disse: *"A senhora foi muito longe atrás de cura, mas não conseguiu. Isto porque o seu problema é puramente espiritual"*. Aquela senhora recebeu o primeiro passe, de uma série que lhe foi receitada, e voltou para casa. No meio do caminho, a dor de cabeça já havia desaparecido, e ao final do tratamento ela estava perfeitamente curada. Tanto as crises cardíacas quanto as dores de cabeça resultaram da presença de um Espírito sofredor.

265. E aquele Espírito sofredor era algum parente dela?

Não. Nem sempre eles são parentes, amigos ou mesmo meros conhecidos. Informam alguns estudiosos que os médiuns, de forma mais intensa, emitem certo tipo de energia através dos chacras, e que Espíritos sofredores muitas vezes se acoplam a eles para se nutrirem com essas energias.

266- E quais são os outros tipos de Espíritos sofredores?

Outro tipo é daqueles que desencarnaram por enfermidade. Sabemos que as doenças, principalmente aquelas de longo curso, geram reflexos no corpo espiritual. Então esses Espíritos que não tiveram uma melhor educação com relação às questões espirituais, continuam sentindo as mesmas dores e sofrimentos de antes e a sua presença aqui, entre nós, pode ser bastante prejudicial. Todo mundo conhece algum caso de pessoa que adoeceu, foi ao médico, se tratou sem qualquer resultado, e, de repente alguém lembrou que os sintomas dessa pessoa eram iguais às de algum parente ou amigo que desencarnou. O doente então é levado a um Centro Espírita, recebe uns passes e fica curado. Não foi milagre. O que ocorreu é que o Espírito do parente ou amigo desencarnado havia se imantado a ele, nutrindo-se das suas energias e lhe transmitido os sintomas da sua doença.

Esses Espíritos sofredores que agem assim, na maioria das vezes o fazem de forma instintiva, sem consciência do mal que podem estar causando. Isto é muito mais comum do que se pensa.

267. E só um passe resolve a situação?

Os passes ministrados num Centro Espírita são apenas o primeiro passo, porque têm a finalidade de desligar o Espírito sofredor de seu hospedeiro, mas em seguida ele recebe esclarecimentos e o tratamento necessário à sua recuperação.

268. Você quer dizer que uma pessoa pode continuar doente depois da morte?

Os corpos físico e espiritual estão intimamente ligados, célula a célula, órgão a órgão, um sofrendo influência do outro e ambos da mente e das emoções. O corpo espiritual, como é natural, é o mais sensível e o mais influenciável. Então, na dimensão espiritual a criatura fica muito mais a mercê dos próprios pensamentos e emoções, e quando sua mente continua alimentando aquelas imagens da enfermidade que sofreu, transfere tais sintomas ao seu perispírito. Quando um Espírito começa a pensar nas doenças que teve, passa imediatamente a senti-las em si mesmo.

269. Isso quer dizer que existem Espíritos doentes?

E como existem! Uma das grandes atividades na dimensão espiritual é justamente a medicina e a enfermagem no atendimento a essas criaturas, embora com métodos diferentes dos adotados na Terra. Eles utilizam principalmente a conscientização quanto à sua condição de Espíritos desencarnados, a educação da mente e das emoções, o passe e a água magnetizada.

270. Se bem me lembro você disse que em Nosso Lar há hospitais. Será que por lá também há clínicas, equipamentos de diagnóstico por imagem, laboratórios e tudo o mais?

Nas cidades e colônias espirituais que se situam nas faixas mais próximas há, sim, grandes hospitais que atendem a Espíritos procedentes tanto daqui, da Terra, quanto de regiões umbralinas, e existem também postos de socorro em várias regiões do Umbral.

Os exames de laboratório e diagnóstico por imagem, como você diz de forma um tanto sarcástica, são feitos pelos próprios médicos que podem ver o Espírito doente por dentro. São muitos os Espíritos-médicos que exercem atividades aqui na Terra, por meio de médiuns, como foi o caso, por exemplo, do Dr. Fritz.

Mas há ainda outros tipos de Espíritos sofredores, aqueles que vivem nas zonas espirituais inferiores, mas conforme vão compreendendo seus erros, se arrependendo sinceramente, vão sendo resgatados por equipes espirituais e levados aos hospitais de que falei, onde são tratados e preparados para novas encarnações ou para outras etapas evolutivas, assim como aconteceu com André Luiz.

Cada qual encontra no outro lado da vida as condições que ele próprio criou, e a esmagadora maioria das pessoas que desencarna, chega ao plano espiritual na condição de sofredor.

271. E quando alguém acredita que está sendo assediado por um Espírito sofredor, o que deve fazer?

Procurar um Centro Espírita e expor o problema. Ali, ele vai receber o passe ou uma série de passes que, na maioria das vezes, conseguem o desligamento do sofredor. Este é então devidamente encaminhado porque, como Espírito, deve afastar-se dos nossos ambientes, a fim de dar continuidade à sua evolução. Deve reintegrar-se à vida no mundo espiritual e retomar seus aprendizados.

272. Mas se é assim, então as pessoas com esse tipo de problema e que não vão a um Centro Espírita por um motivo ou outro, passariam o resto da vida com o Espírito sofredor imantado a eles?

Em muitos casos, os Espíritos que trabalham na Terra fazendo o bem, encarregam-se de afastá-los e levá-los a algum Centro Espírita para serem atendidos ou mesmo a algum posto de socorro na dimensão espiritual. Às vezes, os próprios guias espirituais de quem está sofrendo esse assédio, deixam o problema persistir, como um chamamento para ela e para a família, no intuito de que seus membros comecem a se conscientizar das realidades espirituais.

273. Por que há Espíritos que preferem permanecer na Terra?

Porque viveram muito ligados às coisas materiais. Eles não desenvolveram seus sentidos espirituais a ponto de sentirem o chamamento superior. O que os atrai é a matéria, os bens que deixaram, as suas curtições, as pessoas que consideram suas. E os familiares também têm culpa porque, com raras exceções, ficam chorando e chamando por eles.

Muitas pessoas acreditam que alguém, só porque morreu, passou a ter poderes, a conhecer tudo, e então ficam chamando por ele para vir resolver seus problemas e até mesmo para lhes dizer qual é o número que vai dar na loteria.

Essa falta de conhecimento das coisas espirituais cria, por vezes, verdadeiro comércio entre os vivos aqui na matéria e os vivos na outra dimensão.

Em outros casos, é o apego dos familiares que atrai o Espírito, imantando-o, ficando difícil de ele conseguir se libertar. Por isso, podemos chorar pelos que partem, mas nunca com aquele desejo de retê-los conosco. Se amamos realmente o nosso ente querido que desencarnou, devemos orar por ele, pedindo a Deus para que lhe dê equilíbrio e bem-estar, e para que ele tenha a força necessária para partir em busca de reconstruir sua vida, agora, na outra dimensão. Lá, ele terá a assistência de outros membros da sua família espiritual.

274. Todas as pessoas que morrem ficam nesse estado de sofrimento?

Não, não. Somente sofrem aqueles que são muito apegados às coisas materiais; os que não querem aceitar a vontade de Deus; os que são adeptos da lei do menor esforço, e também aqueles que não desenvolveram o amor ao próximo, que viveram só para si mesmos, para as suas curtições, prazeres e pesares. Os que vivenciaram o bem, a fraternidade, enfim, os que têm merecimento, ao desencarnarem são recebidos pelos benfeitores e encaminhados a um hospital ou a seus lares na dimensão espiritual. Muitos são recebidos com festas pelos amigos que lá deixaram, antes de reencarnar. Enquanto os familiares da Terra choram e se desesperam, na dimensão espiritual o recém desencarnado é recebido com muita alegria. Isto, quando ele cumpriu bem o seu programa reencarnatório.

275. Você disse: seus lares na dimensão espiritual. Existe isso?

Por que não existiria? Quando um Espírito, habitante de determinada colônia espiritual reencarna, ele deixa seu lar, sua família espiritual, seguindo para essa nova etapa evolutiva na Terra, e quando regressa, retorna a seu lar. É bem provável que isto não seja uma regra geral, mesmo porque aqui na Terra também há os que preferem morar sozinhos.

Os Espíritos também têm o seu espaço na outra dimensão, seus aprendizados, estudos, trabalho, lazer, família... Só que lá, há muito mais sinceridade e transparência nas atitudes do que aqui. Isto, com relação aos planos mais elevados, porque nas regiões inferiores, a maldade e a baixeza em todas as suas formas, fazem morada.

276. O que deve fazer, ou como deve agir alguém quando perde uma pessoa querida?

Em primeiro lugar, mudar esse enfoque de perda para ausência, e lembrar sempre que se quiser ajudar o ente querido nesse transe deve orar por ele, com serenidade e paz no coração, porque aqueles que partiram necessitam da nossa paz, da nossa aceitação para poderem se recompor, se reequilibrar nessa nova condição na qual se encontram.

Um Espírito benfeitor certa vez se manifestou num Centro, pedindo para que fosse dado um recado aos familiares de um jovem recém desencarnado, informando que as lágrimas dos familiares caíam sobre ele como chumbo fervente, provocando muito sofrimento.

277. Mas isso é desumano. Pedir que não se chore a morte de uma pessoa amada, é demais.

Não se trata de não chorar, mas de não chorar com desespero. Sentir saudade é natural, mas quando amamos de fato a alguém, fazemos o possível para vê-lo em paz, e com bem estar. Assim, ao invés das lágrimas de desespero, devemos orar, pedindo aos seres superiores que amparem nosso ente querido e para que ele tenha paz, serenidade e que possa se recuperar rapidamente dos traumas da desencarnação.

278. Eu tenho uma amiga que perdeu a mãe há alguns meses e, sempre que ela se encontra em alguma dificuldade, faz uma oração para a mãe, pedindo ajuda. Ela acredita que a mãe realmente a tem ajudado. Isso é possível?

É difícil que alguém, com tão pouco tempo na dimensão espiritual, já esteja em condições de prestar ajudas, aqui na Terra. O que geralmente acontece em situações assim, é que a oração feita por uma pessoa em aflição é captada nos planos superiores que enviam um Espírito capacitado, para ajudar.

Também é possível que seja mesmo a mãe dela, que ainda não se afastou e tenta ajudar como pode.

É importante nunca orarmos para um Espírito de cuja evolução e capacidade não tenhamos segurança.

279. De que forma podemos saber se um Espírito está capacitado a nos ajudar?

Isto é muito difícil. Digamos que temos um parente ou amigo já desencarnado há muito tempo e que foi uma pessoa maravilhosa quando na Terra. Acreditamos então que esse Espírito está em condições de nos ajudar, mas pode ocorrer que ele já esteja reencarnado, ou então envolvido em outras atividades na dimensão espiritual, ou ainda, que não tenha recebido qualquer treinamento para atuar junto aos encarnados.

280. O que podemos fazer então para receber ajuda espiritual?

Orar a Deus, a Jesus, ou mesmo a algum santo como Francisco de Assis, ao Dr. Bezerra de Menezes, enfim, a um ser realmente superior. As orações, quando partem do fundo da alma, sobem aos planos mais elevados, que saberão exatamente a quem enviar para nos dar o socorro solicitado.

281. Mas tem algum mal em orarmos para outros Espíritos, assim como um parente desencarnado, para pedir ajuda?

Não é bom ficarmos nos ligando mentalmente a Espíritos que poderão estar necessitados de paz, de tranquilidade. Para que incomodá-los? Se estamos sofrendo e lhes pedimos ajuda, imagine o sofrimento deles, percebendo nossas dores, nosso pedido de ajuda e sem condições de atender.

Por isso é melhor nos dirigirmos ao nosso Pai celestial, que sabe exatamente o que é o melhor para nós.

Como exemplo, vou contar uma anedota que circulou nos meios espíritas.

Havia um caminhoneiro que chamaremos de Tiago. Ele era médium vidente e audiente, e percebia sempre a presença de um benfeitor espiritual que o aconselhava a uma conduta reta e a estudar espiritismo, para, no momento certo, iniciar o desenvolvimento da sua mediunidade.

Também havia outro Espírito, o Zé, que sempre estava por perto, dando-lhe conselhos sobre a melhor estrada, o lugar mais adequado para pernoitar e chegou mesmo a possibilitar-lhe alguns ganhos extras e a livrá-lo de alguns, perigos em razão dos seus conselhos.

Aos poucos, o Espírito benfeitor deixou de ter acesso ao Tiago, que estava sempre atento ao Zé, cuja presença lhe era muito mais agradável e vantajosa.

Certo dia, Tiago dirigia o caminhão carregado de mercadorias e o Zé, como sempre, no assento do passageiro. Em determinado momento, iam descendo uma ladeira e lá embaixo havia uma ponte estreita, que dava passagem a apenas um veículo de cada vez. Do outro lado, ainda distante, viram uma jamanta vindo em sua direção. Tiago fez menção de parar o caminhão, mas o Zé disse: *"Pode ir que dá"*.

Tiago se acostumara tanto a atender as orientações do Zé que pisou no acelerador, mas quando já ia chegando à ponte, vendo a jamanta se aproximando perigosamente, começou a pisar no freio, mas o Zé, todo importante, disse: *"Pode ir que dá. Eu garanto."*

282. E então, o que aconteceu?

Tiago pisou mais fundo no acelerador e entrou pela ponte a toda velocidade, mas a jamanta também já entrava pelo outro lado.

Assustado, Tiago olhou para o Zé e perguntou: *"E agora?"*

O Zé, com cara de menino apanhado em falta, disse: *"Desculpe, amigo. Não deu... Adeus que eu vou cair fora"*. Ato contínuo, pulou para fora do caminhão, deixando seu pupilo à sua sorte.

283. Sem comentários.

Obsessão

284- Há uma questão que gostaria de conhecer melhor. É a obsessão espiritual. Afinal, o que é isso?

Chamamos de obsessão à situação na qual uma pessoa sofre perseguição da parte de um ou mais Espíritos. Tais situações geralmente têm raízes nas vidas passadas. Vamos dar um exemplo. Imagine dois homens, o Pedro e o Antônio, como sócios numa empresa, no século XIX. O Antônio, muito ganancioso, faz algumas jogadas sujas, aproveitando-se da confiança do sócio e consegue ficar com a parte dele, deixando-o na miséria. Esse tipo de procedimento, aliás, é bastante comum. Pois bem, Pedro fica com um ódio terrível de seu ex-sócio, jurando vingar-se dele na primeira oportunidade. Os dois acabam desencarnando e Pedro, já na dimensão espiritual, dá azo ao seu ódio, perseguindo Antônio. Este volta a reencarnar e, com isso, foge ao assédio de Pedro, que o perde de vista. Mas, com o passar do tempo o Espírito vingador acaba encontrando-o e então, conseguindo estabelecer ligações fluídicas com ele, passa a perturbá-lo de várias maneiras. Este é um tipo de obsessão com raízes numa passada encarnação.

285. Como são essas perturbações?

Variam muito. Existem os casos em que o obsessor consegue maior ligação com o psiquismo da pessoa obsedada, e então passa a influenciá-la de forma mais intensa. É quando acontecem mudanças de comportamento, passando o obsedado a ter atitudes estranhas, anormais. Alguns passam a falar o tempo todo, sem parar, sobre coisas sem sentido; outros ficam calados, fechando-se no quarto; outros demonstram medo, ou se tornam agressivos. São comportamentos que a medicina cataloga de várias maneiras, mas que, em muitos casos, refletem apenas perseguição espiritual.

Já nos casos em que o obsessor não consegue maior ligação com seu desafeto procura perturbá-lo por tabela, levando-o a sofrer prejuízos os mais variados, sofrer acidentes, passar por situações desagradáveis ou humilhantes, e até mesmo enfermidades.

286. Como é que um Espírito pode provocar uma doença em alguém?

Convém lembrar que nós também somos Espíritos, só que, no momento, estamos vivendo num corpo de carne, mas isto não quer dizer que estejamos blindados. Os Espíritos estão em toda parte e podem sair ou entrar à vontade em nossas casas, desde que lhes proporcionemos condições de sintonia com eles.

Existem Espíritos que se especializam na arte da obsessão. Eles usam o magnetismo, o hipnotismo, os fluidos, a sugestão e muitos outros recursos para alcançar seus maléficos objetivos.

Um obsessor pode provocar doenças reais ou aparentes, lançando fluidos pesados sobre determinados órgãos da pessoa visada; induzindo-a a uma alimentação errada, aos vícios, etc.. Usando recursos do magnetismo e outros de que dispõe, ele pode provocar distúrbios do coração, do sistema nervoso, digestivo, respiratório e muitos outros. Por processos de influenciação mediúnica ele pode controlar os órgãos da fala, ou mesmo lançar na tela mental do obsedado imagens terríveis, monstruosas, visando levá-lo ao desequilíbrio mental, à loucura, e até ao suicídio.

287. Isto é impressionante. Dizer que podemos ficar a mercê de tanta coisa ruim...

Jesus disse: "***A cada um segundo as suas obras***". Significa que nós temos também inúmeros recursos para nossa defesa. Acontece que estão todos condicionados à conduta que o Mestre ensinou e, como essa conduta é difícil, poucos se dispõem a vivenciá-la com maior plenitude. É por isso que na Terra há tanta obsessão, sofrimento, desequilíbrio e aflição.

288. O que exatamente pode fazer uma pessoa, para livrar-se de seus obsessores?

Em primeiro lugar, mudar o conceito de ser vítima, porque em todos os casos dessa natureza as culpas estão divididas. A maioria das obsessões teve início em passadas reencarnações, quando a vítima de hoje foi o algoz de então. Há também aquelas que tiveram início ainda nesta vida, mas sempre, quando se trata de vingança, as culpas estão divididas.

289. Mas existem situações nas quais uma pessoa prejudica outra de forma acidental, sem querer, e com isso passa a sofrer o ódio e desejos de vingança de quem prejudicou. Uma situação assim pode se transformar em obsessão espiritual no futuro, quando o primeiro deles reencarnar?

Situações assim não acontecem sem uma razão anterior. As causas certamente estão no passado e podem também refletir um momento de aprendizado necessário à "vítima". Ela terá com isso a oportunidade de aprender a perdoar e a amar, sem restrições, além de outros valores que poderá desenvolver, tais como o cuidado contínuo com os próprios estados de espírito, visando ficar imune ao assédio espiritual.

Mas existem também as obsessões por afinidades. Isto acontece quando cultivamos algum vício, seja físico ou psíquico.

290. E existem vícios psíquicos?

Certamente. São aqueles que se alicerçam no psiquismo, tais como jogos de azar e atualmente os vídeo games, o computador, e outros semelhantes. Hoje já existem, em vários países, clínicas especializadas em tratar viciados dessa natureza. Em algumas, esses pacientes são tratados até mesmo com eletro-choques.

Há os viciados na gula, no sexo e muitas outras formas de viciação que atraem Espíritos com as mesmas dependências.

291. Espíritos viciados... Não acha que há exagero nisso?

Devemos ter em mente que os Espíritos são as mesmas pessoas que aqui viveram, só que despidos de seus corpos carnais, mas com as mesmas características psíquicas que tinham quando aqui na Terra.

Por exemplo, um alcoólatra quando desencarna continua com o mesmo desejo de beber que tinha quando na matéria. Então, levado pelo vício, ele se aproxima de alguém que esteja bebendo e bebe junto com ele. Não da forma como faria aqui na matéria, mas encostando-se ao mesmo e sorvendo a parte etérea do álcool, ao mesmo tempo em que o encarnado sorve a sua bebida. É uma forma que eles têm para satisfazer o vício.

Do mesmo modo os viciados nisto ou naquilo conseguem satisfazer de certa forma seus desejos através dos encarnados que nutrem as mesmas viciações, acostando-se a eles e satisfazendo-se por seu intermédio.

Essa ligação viciosa com Espíritos também fomenta obsessões. Um Espírito, ao longo do tempo, passa a considerar o "provedor" dos seus vícios como propriedade sua, fazendo tudo a seu alcance para não permitir que o mesmo se recupere, livrando-se daquela dependência. Os familiares dos viciados de qualquer natureza sabem como é difícil conseguir que eles se tratem. Num determinado momento eles podem até iniciar algo que os possa ajudar, mas logo abandonam tais iniciativas. Nesses casos fica até fácil perceber que estão sendo espiritualmente manipulados.

292. Volto à pergunta anterior: o que exatamente pode fazer uma pessoa para livrar-se de seus obsessores?

Em primeiro lugar deve realizar uma reforma interior, cortando assim os vínculos com seus perseguidores, ou seja, os canais de sintonia pelos quais eles conseguem acessá-lo. Essa reforma consiste em modificar atitudes, pensamentos, emoções e ações, tornando-os mais fraternos, justos, honestos e pacíficos, e voltar o Espírito para o Alto, em oração, com a maior frequência que puder.

Com essas mudanças, pela elevação da própria frequência vibratória, os perseguidores não conseguirão sintonizar com ele e, então, com o passar do tempo, se continuarem a perseguição, eles próprios acabam, geralmente, deixando-se envolver pelos bons sentimentos e exemplos de seu desafeto.

Também é importante conseguir o perdão dos seus perseguidores, tendo em vista que se o perseguem é porque foram em algum momento suas vítimas.

293. O que deve ele fazer para os Espíritos o perdoarem?

Deve orar muito por eles, e perdoá-los de todo o coração. Quando os Espíritos vingadores começarem a receber as vibrações dulcificantes das suas preces, e a encontrar nele sentimentos de perdão com relação a eles; quando sentirem a sua paz, harmonia e amor, eles próprios começarão a ser tocados por essas vibrações. Esse é o primeiro passo, e os resultados poderão aparecer rapidamente ou demorar muito, a depender de vários fatores.

294. Gostaria que você detalhasse isso melhor. De que depende um resultado mais rápido ou mais lento, para se conseguir o perdão desses Espíritos?

Depende principalmente do tanto de amor que o obsedado possa desenvolver e a sinceridade das preces que fizer por seus inimigos espirituais. Se o ódio dos vingadores for muito grande e se eles forem Espíritos que ainda estejam vivenciando com maior intensidade as paixões terrenas, esse trabalho poderá ser bem mais lento e difícil. Tudo depende da intensidade do ódio, do estofo interior dos obsessores, e da reforma íntima do perseguido.

295. Você disse que o perdão e a reforma íntima seriam o primeiro passo. Quais seriam então os passos seguintes?

Os passos seguintes seriam, em primeiro lugar, dar continuidade aos sentimentos de perdão e de amor, além da oração constante pelos perseguidores.

Também é importante procurar um Centro Espírita buscando ajuda. Na maioria dos centros são realizados trabalhos de desobsessão, com equipes treinadas e habituadas a lidar com tais situações.

Outro recurso de grande ajuda é começar a praticar a caridade, ajudando pessoas necessitadas.

296. Por que a caridade?

É porque fazendo o bem, mesmo de forma compulsória, a pessoa começa a exercitar o amor. Se, por exemplo, alguém tira as suas tardes de domingo, como fazem inúmeros grupos de jovens das mocidades espíritas, para visitar os idosos de algum asilo, ou os doentes terminais de algum hospital, conversando com eles, sentindo as suas angustias, aflições e sofrimentos, seu próprio Espírito fica mais aberto para o sofrimento do próximo; começa a se preocupar um pouco mais com os outros, a ver que os outros também têm coração, que sofrem a solidão, o abandono, as dores físicas, o medo da morte...

Assim, convivendo com a dor alheia no intuito de ajudar, vai ficando menos frio, menos insensível e ao mesmo tempo estará ingressando nas correntes luminosas dos ensinamentos do Mestre, que sempre exortou a prática do bem, em todas as suas modalidades. Essa é, conforme Jesus, a condição única exigida para a permanência de alguém na Terra, na futura civilização.

297. Mas no caso especifico das obsessões porque fazer o bem é tão importante?

As pessoas obsedadas são criaturas em perigo. É como se estivessem caminhando à beira de um abismo. Estão precisando de uma ajuda mais poderosa, mais forte e direta, tanto de si mesmas, quanto dos bons Espíritos, e a ajuda superior sempre nós é dada de acordo com os nossos merecimentos e necessidades educativas. Todos nós precisamos nos educar espiritualmente na escola do trabalho edificante, do pensamento nobre, da palavra que eleva e das ações de amor ao próximo. Mas o obsedado tem essas necessidades bastante aumentadas, porque esse é o caminho para o seu equilíbrio, além de lhe propiciar maior ajuda por parte dos Espíritos benfeitores.

298. Existem casos insolúveis de perseguições espirituais?

Não, porque as leis da vida são as do amor e o amor sempre triunfa.

Pode acontecer de alguma obsessão perdurar por séculos, mas sempre há de chegar a um final, pelas vias do amor e do perdão.

A Terra ainda é um mundo de sofrimentos e de lutas. Uns ferem, outros são feridos; uns escravizam, outros são escravizados; uns agridem e outros sofrem violência. A vida na Terra é ruim porque nós ainda somos maus. A humanidade, em seu conjunto, é que promove o próprio sofrimento, mas é justamente esse sofrimento que nos impulsiona para o alto. Geralmente é para fugir ao sofrimento que buscamos Deus, e é d'Ele, por intermédio de seus mensageiros, que nos vem a orientação sobre como devemos agir.

299. Você já falou sobre a forma pela qual os perseguidores espirituais conseguem acesso às pessoas, ou seja, através da sintonia, e eu gostaria que falasse mais sobre esse assunto.

Essa questão de sintonia espiritual é muito importante, porque está vinculada a um grande leque de problemas que enfrentamos no dia a dia. Nós somos um ser espiritual, vivendo num corpo físico. Isto significa que somos alguém em duas dimensões distintas. Vivemos no mundo de matéria, mas em ligação com o espiritual, sofrendo, portanto, pressões, coerções e influências diversas, ou recebendo reforços energéticos, inspirações e auxílios de variada natureza.

300. Que tipo de problemas, provenientes do mundo espiritual nós podemos sofrer?

São tantos que ficaria difícil relacioná-los aqui. Seria interessante a leitura de livros como os do Espírito André Luiz e muitos outros, para ver como essas influências e até mesmo interferências funcionam, na prática. Mas podemos citar algumas, na forma como são sentidas, ou como se manifestam. As mais comuns parece que estão na área das emoções: irritação, nervosismo, agressividade, ou então apatia, desânimo, pessimismo, com aquela impressão de que tudo vai dar errado, de que não há solução para os problemas, como se todas as portas se fechassem, o céu ficasse escuro e a vida tenebrosa. Existem casos em que a pessoa não consegue sequer levantar-se da cama, com vontade apenas de dormir.

301. Esse desânimo e pessimismo que você citou e que infernizam a vida de tanta gente, refletem sintomas claros de depressão, que a medicina sabe como tratar.

As causas profundas das depressões estão geralmente em vidas passadas. Também podem estar relacionadas a uma espécie de catarse de energias incompatíveis estacionadas no inconsciente e que vem à tona periodicamente, provocando também outros males, como a enxaqueca.

302. Se é assim, por que esses males recrudesceram tão intensamente de algumas décadas a esta parte?

Esta e outras formas de catarse estão ocorrendo com tanta intensidade devido à necessidade de pessoas liberarem seus corpos espirituais dessas energias, tendo em vista a transição planetária para a era de regeneração da Terra.

Nessas situações os remédios são apenas paliativos, porque não curam enfermidades da alma.

Mas há também casos de depressão e de enfermidades outras que são causadas pelas perseguições espirituais.

303. Já observei que os espíritas gostam muito de jogar tudo à conta dos Espíritos.

Um espírita consciente jamais diagnostica um problema sem examiná-lo mais a fundo. E quando citamos aqueles sintomas ou efeitos de perseguição espiritual não dissemos que todos os casos dessa sintomatologia sejam o resultado de obsessão. Há inúmeras situações em que o doente é o promotor de seus próprios males, por carregar o sistema energético com energias negativas, produzidas por seus estados de espírito. Sabe-se que as mágoas guardadas, o mau humor, o olhar a tudo com "maus olhos", a maledicência, o desamor e tantos outros estados internos que muitas pessoas cultivam, são os responsáveis por "N" enfermidades.

Também acontece que pessoas desse tipo atraem Espíritos de natureza semelhante, formando com eles um círculo vicioso de energias negativas, agravando a situação.

Vemos então que a maioria dos casos de enfermidades desse jaez deve receber tratamento médico e espiritual. Por isso, os espíritas conscientes e os centros espíritas bem orientados sempre recomendam que o paciente também procure um médico, além do tratamento espiritual.

304. E só o tratamento médico não resolve?

O corpo é comandado pelo Espírito, por intermédio do corpo espiritual que se conecta ao físico por ligações que são apenas superficialmente conhecidas. O cérebro, além de comandar as funções ligadas ao automatismo orgânico, é também o gabinete administrativo onde a mente do Espírito se instala para o comando consciente do corpo. Todo esse complexo é formado por um número incrível de ligações, de conexões. É, portanto, um equipamento complexíssimo, que os iniciados e alguns estudiosos se dedicam em tentar conhecer. E sabe-se, então, através de explicações dos Espíritos, de pesquisadores e estudiosos, que os fluidos ou energias de baixo teor podem gerar bloqueios nessas conexões, fazendo com que o cérebro altere, ou perca parcial ou totalmente o seu comando. Essas energias podem também interferir em certos setores do cérebro, responsáveis pela vida emotiva da pessoa, de forma a influenciar o seu sentir, a sua conduta. Se um Espírito malfazejo lança fluidos específicos nas funções cerebrais responsáveis pelo otimismo, o resultado será o desânimo, o pessimismo, a depressão. E se essa situação de interferência espiritual for muito forte e perdurar por muito tempo, pode afetar o próprio cérebro, ou outros órgãos.

Mas é preciso entender que nem todos os casos de depressão ou de enfermidades psicossomáticas se devem à obsessão.

30. Mas eu sei de casos de pessoas tidas como obsedadas que tiveram alívio só com remédios.

Voltando ao caso já citado, de um cérebro afetado por fluidos pesados nas funções afeta ao otimismo. Ao receber um medicamento adequado, é como se recebesse nova injeção de força, e reage. Mas esse tratamento sozinho não é duradouro, porque o efeito do remédio passa, a não ser nos casos de pessoas que possuam elevado potencial de força interior. Nesses casos o remédio funciona como aquela ajuda de que a pessoa estava precisando para se levantar e continuar a caminhada com os próprios pés. Por isso, os espíritas responsáveis aconselham ao obsedado, nos casos mais graves, a procurar também o médico.

306. E existem espíritas irresponsáveis?

Existem espíritas de todo jeito, ou pessoas que se intitulam assim, mas sem maior embasamento. O espírita de fato é aquele que estuda o espiritismo e conhecimentos afins, que se aprofunda nesses conhecimentos todos, e não age apenas pelos impulsos da intuição, que muitas vezes são movidos pela vaidade.

307. E há tanta coisa assim para se estudar no espiritismo?

O conhecimento espiritual é infinito, e o espiritismo é uma universidade que estuda a **vida**, tanto no seu aspecto visível, quanto no invisível, aprofundando-se a procura de suas fontes. Alguém pode passar a vida inteira buscando esses conhecimentos sem aprender tudo que é possível saber na atual fase de evolução do ser humano, porque esse saber é progressivo. O estudioso espírita precisa conhecer também as pesquisas relacionadas, feitas nos meios científicos nos Estados Unidos, Europa, Brasil, Índia, nos países da ex-União Soviética, enfim, no mundo inteiro. A realidade espiritual é hoje uma força que se faz sentir em todos os quadrantes da Terra, e vai chegar o dia em que todos irão reconhecer essa realidade, da mesma forma como foi preciso reconhecer que a Terra é redonda.

Quando pensamos que sabemos tudo, descobrimos que estamos apenas no jardim de infância desses saberes.

308. Se bem entendi, você acha que um dia toda a humanidade será Espírita. Não acha essa afirmativa pretensiosa demais?

Não foi isso que eu disse, mas sim que um dia todos acabarão reconhecendo as realidades espirituais, tais como a reencarnação, a lei de ação e reação, a existência da dimensão espiritual, dos Espíritos, nosso inter-relacionamento com eles, etc.

E um dia a humanidade irá ter uma única religião, a do amor.

309. Voltando um pouco no assunto, pergunto: nos casos de obsessão, se é preciso procurar o médico, para quê então fazer o tratamento espiritual?

Porque este atua em níveis mais profundos, buscando a cura definitiva. Os casos mais leves, que ainda não atingiram o organismo, ou que não têm ramificações em causas meramente orgânicas, podem conseguir cura completa, sem ajuda da medicina, e até mesmo, muitos casos graves, tidos como incuráveis ou desenganados pelos médicos, conseguem cura plena e total apenas com tratamento espiritual. Mas como é difícil, e em alguns casos até impossível, conhecer a situação em sua profundidade, o mais prudente é, então, recomendar o tratamento médico paralelo. O espiritismo não está preocupado em mostrar resultados ao público; seu interesse é apenas o de ajudar a quem está necessitando dessa ajuda.

310. Eu estou achando tudo isso meio confuso. Se você concorda em que os remédios podem curar as obsessões, para que então, o tratamento espírita? É porque é mais barato?

Não é mais barato. É inteiramente gratuito. E ninguém disse que os remédios curam obsessões. Eles podem ajudar no tratamento dos obsedados, ou de pessoas que estejam debaixo de cargas fluídicas muito pesadas, proporcionando-lhes certo alivio. Mas o problema é mais profundo, mais de raiz.

311. O que é então que o Espiritismo pode fazer por uma pessoa que esteja sentindo esses sintomas?

Se os sintomas forem provocados por fluidos pesados, o passe é aconselhável, porque dispersa esses fluidos, restabelece o fluxo das correntes energéticas do organismo e dá-lhe um reforço de novas energias. Esse seria o tratamento de emergência, para depois se encaminhar o doente para a desobsessão, se for o caso, para os estudos evangélicos, e, futuramente, para um curso de médiuns, se o problema estiver afeto a uma mediunidade a ser desenvolvida.

Magia negra

312. Gostaria de saber o que deve fazer alguém que esteja sofrendo os efeitos de um trabalho de bruxaria?

Os trabalhos de bruxaria, feitiçaria, macumba e outros, realizados na forma de forças maléficas direcionadas a alguém, têm muitas semelhanças com as obsessões. Nos meios espíritas o tratamento consiste também no passe e em levar o doente à mudança de sintonia, elevando a própria frequência vibratória. É a maneira ideal para se fugir às influências negativas do mundo invisível.

313. Mas nesse caso não seria melhor a pessoa procurar um Terreiro, para desmanchar o que foi feito?

Nós não queremos analisar o que ocorre fora do âmbito do espiritismo, mas podemos lembrar que se alguém sofre os efeitos de perseguições espirituais de qualquer natureza é porque a sua vida interior está dando brechas para a penetração dessas energias. E podemos lembrar, então, aquele sábio conselho que foi dado ao Chico Xavier pelo mentor espiritual, quando o Chico se esbaldava em resolver os problemas obsessivos de uma criatura de vida errada e mau gênio que o procurara.

314. Qual foi esse conselho?

O mentor lhe disse que *"mais do que espantar as moscas, era necessário curar a ferida".*

315. Entendi. A ferida seria a forma errada como aquela pessoa levava a vida, atraindo Espíritos malfazejos e abrindo brechas para receber sua influenciação. Mas eu gostaria de saber se todas as pessoas têm a mesma predisposição para sentir ou sofrer os efeitos de magia negra ou de perseguições espirituais.

As pessoas de natureza pessimista, desanimada e acomodada, as que nutrem mau humor, vivendo a se queixar de tudo, são mais vulneráveis. As de Espírito forte, as otimistas e as dinâmicas são menos vulneráveis e conseguem superar o problema com maior facilidade.

316. Quando alguém estiver sentindo alguns dos sintomas que indicam estar sob efeito de trabalhos de magia, o que deve fazer?

Reagir. Antes de tudo deve reagir, porque a nossa mente é uma força extraordinária que ainda não aprendemos a usar. Deve buscar também a proteção da oração constante e desenvolver estados de espírito afetivos, fraternos e pacíficos, com humildade e contentamento. Isto é fundamental para elevar a frequência vibratória, tornando essa pessoa mais impermeável à recepção das energias maléficas.

Da mesma forma é importante procurar um Centro Espírita para receber os benefícios do passe e outros auxílios que são prestados pelos Espíritos benfeitores e dos quais nem tomamos conhecimento. A frequência a uma casa espírita representa igualmente aquele momento de incentivo à vivencia dos valores mais nobres do Espírito em razão das palestras e conversas de elevado teor que ali acontecem.

317. Você falou em humildade e contentamento. O que tem essas atitudes a ver com defesas contra a magia negra?

A humildade é valor dos mais importantes, porque ameniza nossa alma. Acreditar que somos superiores aos outros nos torna orgulhosos e o orgulho nos endurece. O grande Mestre disse certa vez: *"Aprendei de mim, que sou manso e humilde de coração, e tereis paz para as vossas almas"*. Mas é preciso entender o verdadeiro sentido da humildade.

318. Pode explicar qual é esse verdadeiro sentido? Geralmente acreditamos que para sermos humilde devemos andar de cabeça baixa, mal vestidos, minimizar nossos valores...

Não, não. A humildade é uma percepção clara da nossa real condição. Nem para mais, nem para menos.

Se for para mais nos levará ao orgulho, porque a ideia de sermos superiores ou mais evoluídos do que nossa realidade, acarreta envaidecimento, já que, pela nossa pouca evolução, estamos ainda muito predispostos a cair nessa ilusão.

Se forçarmos nossa percepção para menos, isto nos levará a uma situação irreal e à diminuição da nossa auto estima, o que é prejudicial para nossa vida e evolução.

319. Como podemos então encontrar essa nossa real condição?

Aprofundando o auto conhecimento.

Mas é preciso ter cuidado porque geralmente, ao mergulharmos em nossa intimidade nessa busca, temos como foco, mesmo inconsciente, encontrar novos valores em nós mesmos que ainda não havíamos descoberto.

Para explicar melhor essa nossa "real condição" vou narrar o que aconteceu comigo. Certo dia, ao fazer a caminhada matinal, ia pensando nessa questão da humildade, procurando entendê-la melhor.

Pus-me então a refletir, percebendo que um amigo espiritual conduzia minhas reflexões e, assim, nessa busca à minha realidade, comecei por fazer um questionamento.

Se nunca tivesse tido orientação, assistência e participação espiritual em minhas ações e na condução da minha vida, como eu seria ou estaria agora?

Era uma questão difícil, mas importante. E como ela entremostrava um universo excessivamente vasto, achei melhor fixar-me apenas na minha vida como espírita.

Voltei então atrás no tempo, desde os primeiros passos neste caminho, perguntando-me sempre como teria sido se os Espíritos não me tivessem auxiliado, orientado e conduzido?

Percebi então que não seria, na minha realidade, o que atualmente "estou", e nesse caminhar rememorativo cheguei ao momento em que comecei a atuar na divulgação do Espiritismo ao público externo: coluna no jornal, programa no rádio, peças teatrais, livros e muitas outras atividades que se foram desdobrando ante meu olhar interior. Mas esse olhar já era diferente. Ao perguntar-me como teria sido se não tivesse recebido assistência espiritual em cada etapa, em cada momento... só encontrava o vazio. Não havia respostas.

Fui trazendo à memória a forma como todas essas ações começaram e percebi com absoluta clareza que mãos invisíveis sempre conduziram absolutamente tudo.

Tudo que tenho escrito, todas as iniciativas, tudo sempre começou e continuou pela ação deles. Nada do que fiz e faço é de minha exclusiva lavra. Na verdade, sou apenas a mão que executa.

Como segundo passo, comecei a imaginar como eu seria na atualidade, não tivesse sido "levada" para este caminho. Talvez fosse uma dona de casa unicamente preocupada com os afazeres domésticos e as conversas com as vizinhas, dissecando a vida dos outros, ou detalhando os acidentes, crimes e fofocas ocorridos mais recentemente. Talvez fosse uma profissional inteiramente tomada pelas atividades e a luta pela sobrevivência. Provavelmente estaria enfrentado situações as mais amargurosas e sofridas, em difíceis resgates, sem poder contar com o amparo dos amigos espirituais. Em qualquer dessas situações eu me via como alguém absolutamente insignificante. Pior ainda, ao pensar que sem a assistência dos amigos espirituais, quem sabe poderia ter-me tornado uma pessoa de presença negativa, maléfica.

320. Que virada, hein?

A essa altura já olhava os transeuntes percebendome abaixo de todos, sem qualquer valor. Senti então, não exatamente humildade, mas uma terrível sensação de inferioridade e de impotência, e o desânimo começou a se instalar. Mas antes que se instalasse e, certamente com ajuda do benfeitor espiritual, lembrei-me de um dos pontos do opúsculo *Agenda Mínima para evoluir*, que estava escrevendo na ocasião, o equilíbrio.

Se analisasse com equilíbrio, entenderia que em todo esse andamento da minha vida como espírita houve também minha participação, embora pequena:

a) deixei que me conduzissem, agindo com o valor da "boa vontade";

b) assumi o compromisso firmado antes da minha reencarnação, procurando fazer a minha parte;

c) esforcei-me por me conectar com o "mais alto" através da prece, das atitudes e ações, dentro da minha limitada evolução e, apesar das quedas e tropeços, não desisti;

d) procurei sempre ser a "mão que executa", mesmo sem ter sempre executado da melhor maneira.

Com essas observações já deu para respirar mais aliviada, mas a "queda na realidade" foi extremamente marcante.

321. Meu Deus, como essas realidades mais profundas são tão diferentes das que conhecemos!

É verdade. Esse tipo de percepção sobre a humildade nos põe em nosso verdadeiro lugar. Assim, sempre que tivermos alguma razão para nos exaltar intimamente, seja pelo elogio de alguém, seja por outro motivo qualquer, ao procurar imaginar como seria se nunca tivéssemos recebido ajudas, podemos ver nossa realidade e, ao invés de sentir orgulho, passamos a sentir gratidão e admiração pelo maior dos valores, o amor, que leva tantos a acolherem e a ajudarem tantos outros de forma absolutamente desinteressada. (A referência é aos Espíritos benfeitores.)

Quando "caímos na realidade" percebemos que não há razões para nos sentirmos engrandecidos por nossas constatações distorcidas, pelos elogios recebidos ou por quaisquer outras razões. Tudo em nossas vidas será motivo de gratidão àqueles que nos assistem e motivação para buscarmos cada vez mais nosso crescimento interior.

322. Isso realmente dá o que pensar. Mas faltou você explicar porque a humildade e o contentamento são importantes para alguém se defender da magia negra.

A nossa melhor defesa em quaisquer ataques de natureza espiritual ou de energias de baixo teor está justamente em elevar nossa frequência vibratória e isto se dá pela vivência dos valores que nos tornam pessoas melhores, e o amor, a humildade e a alteridade são dos mais importantes.

Quanto ao contentamento, também é fundamental por ser a nossa vibração de vida, o coroamento dos valores da alma.

Pense numa pessoa afetuosa, alteritária, que já tenha adquirido os valores da humildade, mas triste, desalentada, arrastando sua cruz vida afora. É como um pássaro de uma só asa. Como levantar vôo para novas conquistas espirituais, quando falta essa seiva de vida, o contentamento?

Os seres espirituais de elevada condição irradiam alegria. A sua presença infunde inusitada alegria nas pessoas que possuem maior sensibilidade. É uma sensação maravilhosa de plenitude. Tudo se transforma em infinito contentamento, em puro júbilo que vibra em cada célula e em cada neurônio. É como se ficássemos "cheios de Deus".

O contentamento, em verdade, é uma elevada aquisição que podemos ir conquistando passo a passo, aproveitando todos os momentos para senti-lo, desenvolvendo-o em nossa intimidade. Ele nos torna plenos, quando vibra alicerçado na afetividade, na alteridade e com humildade de alma. Diz o Espírito Miramez que a alegria reveste todas as virtudes de luz.

323. O que é essa alteridade de que você falou?

De forma resumida podemos dizer que ela representa o respeito que devemos ter para com todos, além da disposição para aceitar e aprender com os que são e pensam diferente de nós. É também a construção da fraternidade apesar das divergências, respeitando-as e procurando aprender com as diferentes opiniões. Mas vivenciar o valor da alteridade não significa deixar de discutir, debater, questionar. A discussão, o debate e o questionamento são saudáveis quando se respeita o outro e a sua maneira de ser e de pensar.

A alteridade nos ajuda a abrir caminhos para uma compreensão mais elevada sobre tudo. É o mais importante mecanismo para o crescimento do homem como ser social, induzindo-o a interagir pacífica e beneficamente com tudo que o cerca. É, sem dúvida, o veículo capaz de conduzir a humanidade para a tão esperada nova era.

A postura alteritária nos leva a ver todos com bons olhos, lembrando as palavras de Jesus: ***"Se os teus olhos forem bons, todo o teu corpo será luminoso; se, porém, os teus olhos forem maus, todo o teu corpo estará em trevas." (Mateus 6:22 e 23)***

A pessoa que vivencia a alteridade passa a ser mais fraterna em todos os sentidos, deixando de criticar, julgar, agredir... E esse tipo de atitudes deixa o ser em paz consigo mesmo, com a humanidade, com a vida.

324. Está bem. Deu para entender direitinho. Mas voltemos à questão da magia negra. Eu gostaria de saber como isso acontece, na prática.

Vou narrar um caso que acompanhei de perto, modificando algumas circunstâncias e situações e também os nomes das pessoas, para que não possam ser reconhecidas.

Uma senhora, que vamos chamar de Anita, era casada com um homem bastante charmoso, que chamaremos de Leonardo, e que desfrutava de excelente posição social e econômica. Leonardo conheceu, numa festa, uma jovem que o impressionou profundamente. O mesmo ocorreu em relação à moça que, por coincidência ou pelos caprichos da vida, tinha no seu círculo de amizades, pessoas que eram hábeis lidadoras no terreno da magia negra. Como era uma criatura sem princípios, recorreu aos citados amigos e empenhou-se, a partir de então, a tentar promover a separação do casal de qualquer maneira e, principalmente, visando a morte da rival, a Anita.

325. Um momento. Já ouvi dizer que os espíritas não reconhecem essas coisas de macumba, magia negra e bruxaria.

Talvez não haja esse reconhecimento, mais como uma necessidade de ignorar o mal e afirmar o bem, porque reconhecê-las, ficar pensando e falando nelas significa dar-lhes mais força. Reconhecer a existência do mal só é valido para criar condições interiores de defesa. Mas entendo que essa questão da magia negra também é um aspecto da vida invisível que deve ser esclarecido.

326. Está bem. Mas disse que essa jovem começou a fazer "trabalhos" para matar a Anita. Isso é possível?

Lamentavelmente, existem muitos quimbandeiros, feiticeiros, magos negros, e outros tais, que são especializados em trabalhos dessa natureza.

327. Mas existe mesmo isso de magia negra?

Existe, sim. Essas práticas têm sido objeto de pesquisas por parte de cientistas, inclusive do Dr. Hernani Guimarães Andrade, que foi um dos mais conceituados parapsicólogos da América Latina, autor de diversas obras e consultado por outros cientistas e instituições científicas do mundo inteiro. Numa de suas monografias, Dr. Hernani apresentou suas conclusões sobre essa questão da magia negra, que pesquisou durante muitos anos, junto com sua equipe do Instituto Brasileiro de Pesquisas Psicobiofísicas-IBPP.

Numa dessas explanações, ele diz:

"Procuramos analisar mais acuradamente as ocorrências de 'parapirogenia' ou combustão paranormal espontânea e observamos que, em sua quase totalidade, elas estavam associadas a indícios característicos de feitiçaria praticada contra os habitantes das casas infestadas". (...) *"Vemos estas práticas de feitiçaria como a manifestação de um caráter mórbido, vingativo, criminoso e covarde, por parte daquele que encomenda tais trabalhos de terreiro. Quanto aos que se dão a estas torpes práticas, temos a dizer que constituem a continuação de tenebrosa máfia espiritual que opera no astral inferior, aproveitando-se da inferioridade moral e espiritual desses seus aliados encarnados. Aliás, os feiticeiros e seus fregueses que se prestam a executar tais 'trabalhos' serão, no final das contas, os maiores prejudicados, devido aos imensos débitos cármicos que assumem, presentemente, perante a justiça Divina. Infelizmente tais crimes são praticados abertamente, pois não há leis que os coíbam, a não ser as leis naturais cujos efeitos são tardios, embora infalíveis."*

328. Então esse cientista confirma a existência da feitiçaria, da bruxaria...

Não apenas ele, como muitos outros também pesquisaram e ainda pesquisam tudo isso.

329. Que tipo de elementos ou de energias são empregadas nessas atividades maléficas?

Sobre essa questão Dr. Hernani explica:

"São forças ainda mal conhecidas, e que, não obstante, são reais. Elas podem ser empregadas indiferentemente para o bem e para o mal. O seu manejo é ainda exclusivamente baseado em práticas empíricas, uma vez que as leis que as governam são ainda desconhecidas da ciência."

330. E ele informa quais seriam as defesas contra essas coisas?

Para essa resposta, vamos recorrer ainda ao Dr. Hernani que diz o seguinte:

"Todos nós possuímos defesas naturais que nos protegem dos perigos e agressões, sejam físicas ou espirituais. Há sempre Espíritos benfazejos, amigos e parentes desencarnados, desta ou de outras existências, que nos dão certa proteção. Mas precisamos facilitar-lhes a tarefa, contribuindo, de nossa parte, para a maior eficácia de suas influências a nosso favor. Para isso a prática das virtudes é a melhor forma de ajudá-los. O amor ao próximo é de todas as virtudes a mais eficiente neste sentido. É, portanto, a melhor defesa contra a magia negra. Já imaginaram a possibilidade de um trabalho de terreiro atingir o Chico Xavier ou a Madre Tereza de Calcutá?"

331. Mas isso de amor ao próximo já foi anunciado por Jesus.

Sim, mas as pessoas costumam ver nele o mártir, o místico e não o grande cientista sideral que é. Em verdade, seus ensinamentos não representam aquele "ingresso para o céu", da forma como a maioria dos cristãos entende, mas sim, um código de conduta, inteiramente calcado na ciência cósmica.

332. Dessa forma, por esse enfoque, tudo muda muito, inclusive a própria imagem de Jesus.

Um dia todos irão entender Jesus em sua verdadeira grandeza. Mas para concluirmos aqueles apanhados da monografia do Dr. Hernani, vejamos o que ele diz sobre os fatores cármicos:

"Sem dúvida devem existir fatores cármicos que facilitam ou dificultam a ação da magia negra contra uma dada pessoa. A vida ilibada e correta também influi muito na receptividade dos males enviados por meio de feitiçaria. Mesmo que um indivíduo possua um grande débito cármico, ele pode atenuar muito os efeitos causados por trabalhos de terreiro contra ele, se for praticante de virtudes edificantes".

333. O que são esses fatores cármicos?

Conforme já dissemos anteriormente, as nossas ações erradas, danosas ao próximo, em passadas encarnações, representam pontos de vulnerabilidade pelas quais os perseguidores espirituais podem conseguir acesso ao nosso psiquismo, pois os sentimentos de culpa geram fragilidades em nossas defesas.

334. Como pode alguém sentir culpa por algo que fez numa passada encarnação e da qual não tem conhecimento?

Os sentimentos pesados como a culpa e o remorso, mesmo estando escondidos no inconsciente, vibram em nosso ser de forma sutil. E quando em presença dos inimigos de antanho, ou de Espíritos maléficos, eles se tornam mais vibráteis, abrindo as brechas de que falamos.

Por todos os motivos a prática da caridade é indicada sempre, em todas as situações, por gerar merecimento e ajudar a desenvolver amorosidade, fatores importantes que nos ajudam, principalmente nas situações de perseguições espirituais de qualquer natureza.

335. Sabe, tudo isso dá muito que pensar. É uma sucessão de informações que devem ser analisadas mais detalhadamente.

É verdade. Vamos então voltar ao caso da Anita, que começamos a narrar, porque esse caso dá margem a um maior detalhamento de tudo que foi dito pelo Dr. Hernani. Anita, a essa época, estava começando a ler livros espíritas e frequentava um curso básico de Espiritismo. Assim, ao começar a sentir os primeiros sintomas da ação maléfica, chegou a pensar que aquilo que sentia devia-se à sua frequência a um Centro Espírita.

336. O que ela sentia?

Ela começou a sentir mudanças em seus estados de espírito: andava irritada, nervosa, abusada, como o povo costuma dizer. Em seguida veio a depressão, o cansaço, um cansaço anormal, uma apatia profunda, mesclada de momentos de um quase desespero, que não sabia a que atribuir. Nesses momentos sentia vontade de morrer; achava que a vida era uma coisa vazia e sem sentido. De vez em quando, ao tentar concentrar-se para fazer uma oração, não conseguia. As palavras da prece se modificavam. Por exemplo, "Pai nosso que estás no céu", mudava para, "Pai nosso que estás no inferno..." e assim por diante.

337. Que coisa horrível!

Nesses momentos em que tentava se concentrar para orar, sentia de repente como se estivesse se atirando de grande altura, ou fincando uma faca no peito, ou ainda, sofrendo um acidente grave.

338. Por que ela tinha esse tipo de sensações?

Como se encontrava envolvida em energias hostis, movimentadas por mentes que vibravam querendo sua morte, ela as percebia dessa forma. Nas obsessões espirituais também, quando a intenção dos perseguidores é levar o perseguido à desencarnação, este pode ter esse mesmo tipo de percepções.

Também surgiram dores de cabeça muito frequentes e terríveis. Não adiantava tomar remédios. Não surtiam efeito. De vez em quando sentia calafrios e arrepiamentos, principalmente quando tirava a roupa e esta lhe roçava o corpo. Além disso, sentia também uma sensação agoniada nas pernas, que lhe dava vontade de jogá-las fora.

339. E ela não procurou um médico?

Procurou, sim, mas o médico não encontrou qualquer causa para tudo aquilo e acabou receitando alguns medicamentos, que também não surtiram efeito.

Por essa época Anita começou a ter sonhos nos quais via a rival praticando magia negra contra ela e acabou descobrindo tudo sobre o marido e a amante. Desanimada, passou a faltar às reuniões do Centro Espírita, mas numa de suas poucas idas àquela casa, durante o passe, sentiu como se estivessem retirando grande peso de seu corpo. Sentindo-se aliviada, decidiu cuidar de si mesma com ajuda do espiritismo.

340. E então? Ela conseguiu melhorar?

Esse foi um dos casos de mais prolongada perseguição espiritual de que tenho conhecimento ou de cujo tratamento tive oportunidade de participar, e pela amplitude do problema resolvi tomar notas e analisar tudo que acontecia. Foram alguns anos de muito "sufoco", em que ela permanecia em luta constante contra essa perseguição, ou melhor, em constante estado de defesa. Se ela não tivesse levado aquela situação muito a sério, só Deus sabe o que teria acontecido.

341. O que ela fazia para se defender?

Criou um comportamento próprio, apoiada nos ensinamentos espíritas e em suas próprias experimentações.

342. Como era esse comportamento?

Bem, nós vamos explicar então, não apenas as técnicas da Anita, como também alguma coisa da experiência de outras pessoas. Em primeiro lugar a prece constante. O Espírito sempre voltado para o Alto.

343. Ela ficava o tempo todo orando?

Para alguém ter o Espírito voltado para o Alto não é necessário ficar formulando ou recitando orações. Basta estar com a vida interior vibrando em nível superior, ou seja, na paz, no bem e, principalmente no amor, e não se permitir pensamentos ou sentimento de ordem negativa ou antifraterna. Além disso, sempre que lembrar, elevar o pensamento às faixas mais elevadas, mesmo que rapidamente.

Outra coisa que Anita conseguiu realizar e que foi fundamental em seu tratamento, foi o perdão pleno, total. Ela conseguia pensar na rival sem rancor, apenas com piedade.

344. Está aí algo difícil de acreditar. Uma criatura querendo tomar-lhe o marido, fazendo macumba para acabar com ela e, ela... sem uma raivinha sequer...

Isso não é tão difícil quanto parece. Mesmo porque Anita, a essa época, já via o mundo e a vida pelo enfoque espírita.

345. E o que tem esse enfoque assim de tão especial, capaz de eliminar um ódio tão justificado?

Em primeiro lugar o conhecimento da realidade reencarnatória e da lei de causa e efeito, que nos possibilita uma compreensão maior sobre tais situações. No caso da Anita, certamente porque tinha merecimento para isso, foram-lhe mostradas pelos amigos espirituais, algumas ocorrências de uma encarnação anterior, na que ela tomava o marido de sua atual rival, fato esse, que acabou culminando no suicídio da outra. Assim, toda vez que sentia o peso das cargas espirituais, ela procurava lembrar-se daquelas cenas que lhe foram mostradas. Essas lembranças então lhe renovavam o ânimo e ela conseguia eliminar todo sentimento negativo e até mesmo orar pela outra, com profunda sinceridade. Esse estado de espírito foi sem dúvida o alicerce sobre o qual ela construiu todas as suas defesas. Não foi à toa que Jesus mandou perdoar incondicionalmente.

346- Até agora você só falou sobre as defesas da oração ou do pensamento voltado para o Alto. Quais são as outras?

Há muitas defesas ligadas à área das forças mentais, das quais podemos lançar mão, sem falar na ajuda que encontramos nos centros espíritas.

No uso das forças mentais podemos fazer vários tipos de mentalizações, como, por exemplo:

"Da mente divina, luz infinita, flua luz para a minha mente. Que meu pensamento se ilumine, se harmonize e se enobreça nessa luz. Do coração do universo, fonte infinita e eterna do amor, flua amor para o meu coração. Que meus sentimentos se engrandeçam nesse afeto divino, nesse afeto que vibra em todo o universo, dando a tudo e a todos, razões para existir."

347. De que forma isso pode nos ajudar?

Numa mentalização dessa natureza ligamos nosso Espírito às forças sublimes do universo, elevando nossa frequência vibratória. Você pode facilmente confirmar essa realidade fazendo uma mentalização semelhante, mas faça de forma plena, envolvendo todo o seu ser nas ideias que for formulando.

348. Qual é a diferença entre a mentalização e a oração?

Na mentalização somos autores da ação, utilizando e desenvolvendo os poderes que nos são inerentes. Já na oração pedimos que a ação seja feita por outros para nós.

349. Que outro tipo de mentalização podemos fazer?

Uma que exprime uma ideia forte, poderosa, é:

"Eu sou – Eu posso – Eu quero".

Para isso é necessário interiorizar firmemente essas ideias:

Eu sou uma centelha divina em evolução e, como tal, trago virtudes divinas latentes em meu interior, portanto, **eu sou** luz, sou poder, sou amor, sou alegria.

Eu posso. Como sou poder, **eu posso** me tornar tão forte que nada consiga me abalar.

Eu quero estar tão forte que nada consiga me abalar.

350. Interessante. Parece-me que a pessoa que passa por uma situação dessas, e da forma como fez a Anita, deve "faturar altos ganhos" em sua evolução.

Todo ganho evolutivo é importante, e certamente o alto permite a existência de coisas como a magia negra e as obsessões, também como alavancas a nos empurrar para o desenvolvimento das forças mentais e espirituais, heranças divinas que ainda dormem na nossa intimidade.

351. Por que elas ainda dormem em nós?

As leis maiores só permitem o desenvolvimento de mais elevados potenciais mentais e espirituais aos seres que já evoluíram o suficiente, para jamais se utilizarem delas de forma indevida.

352. Mas, pelo que sei, os magos negros usam essas forças e com muita habilidade.

Sim, mas o pouco a que eles têm acesso, é nada diante do poder de um Espírito superior.

353. Que mais pode fazer para se defender, alguém que esteja sob o efeito de magia negra, ou acossado pela obsessão?

Há muitas ações e atitudes das quais pode lançar mão para se defender e, ao mesmo tempo, adquirir excelentes hábitos evolutivos. Vamos a alguns exemplos:

1) Sempre que olhar para alguém, seja onde for, envolver essa pessoa numa vibração de paz e afetividade, e, assim, com o pensamento focado nela dizer mentalmente, procurando sentir o que diz: "Que Deus te abençoe e te faça feliz".

O cultivo dessa prática vai nos tornando mais afetuosos, fortalecendo nosso campo magnético e nos dando indizível bem estar.

2) Procurar desenvolver sempre os seguintes estados de espírito: afetividade, alteridade, humildade e contentamento. Com esse cuidado estaremos também dando um grande passo em nossa evolução, porque apenas praticar ações virtuosas é algo superficial, não muda estruturas, mas desenvolver estados de espírito é trabalhar os valores correspondentes em sua profundidade. (*V. Agenda Mínima para Evoluir*)

3) Orar muito, principalmente pelos perseguidores, mas também pela humanidade, pela Terra... Há um site www.orandopelaterra.org que apresenta vários modelos de orações dessa natureza. No final deste livro vamos inserir uma dessas orações, para quem não tem acesso à Internet.

4) Fazer, sempre que puder, um exercício de relaxamento com visualizações positivas. Há vários modelos de visualizações no site *www.bemviver.org* mas para quem não tem acesso à Internet, também vamos inserir um desses exercícios no final deste livro.

Estas sugestões são excelentes também para nosso uso diário, mesmo sem estarmos acossados por forças negativas, porque representam poderoso recurso para nossa harmonia interior e evolução.

Quanto às vicissitudes, os diversos problemas e sofrimentos que enfrentamos, quando não representarem o retorno cármico, devem-se às nossas necessidades de aprendizado e de crescimento interior.

354. Esse aprendizado de que fala é o que diz respeito ao evangelho?

Não só à vivencia dos ensinamentos do evangelho, mas também à necessidade de crescimento interior em todos os sentidos. Precisamos nos enriquecer com os mais diversos conhecimentos e aptidões, e aprender a utilizar os infinitos recursos com os quais o Criador nos dotou e que, em sua maior parte, ainda dormem em nosso interior, tais como, a força de vontade e o uso correto da mente, das emoções e da palavra.

355. Entendi. São aprendizados que, geralmente, só nos dispomos a buscar quando empurrados pela necessidade. Mas isso que você falou sobre como se defender de trabalhos de terreiro, acho difícil demais. Não existem soluções mais fáceis?

Quem estiver sob o efeito desses males pode até procurar outras soluções mais fáceis e mais rápidas, mas são apenas paliativas. Além disso, vai perder a oportunidade de grandes aprendizados, ou seja, dar mais alguns passos no caminho estreito de que Jesus falou.

356. Que caminho é esse?

O Mestre disse para entrarmos pela porta estreita e seguirmos pelo caminho estreito, que são o da salvação, e acrescenta que a porta larga e o caminho largo são os da perdição.

357. O que Ele quis dizer com isso?

Muito simples. As facilidades da vida nos distanciam de Deus e nos relaxam quanto à aquisição dos valores do Espírito. É nas dificuldades que nos aproximamos d'Ele, e é nelas também que vamos desenvolvendo nossas faculdades espirituais, enriquecendo nosso interior.

358. Mas o que tem isso a ver com a salvação, que deve estar ligada à graça, ao perdão dos pecados e às boas obras?

Essa palavra "salvação" foi utilizada numa época na qual essa crença era necessária para o entendimento das pessoas de então. Hoje, com o conhecimento da reencarnação e da lei de ação e reação, ela se torna inválida quando se refere ao ser humano e à sua trajetória espiritual, porque passamos a entender que ninguém se salva porque ninguém está perdido. Nós precisamos, isto sim, evoluir, crescer interiormente. Essa é a "salvação" de que precisamos.

Pragas, inveja, mau olhado...

359. Gostaria de saber se os espíritas acreditam nos efeitos de uma praga, da inveja, do mau-olhado e outros tais.

Certamente existem. Eles representam forças negativas desenvolvidas pelo pensamento e a emoção de alguém que os traz no coração.

360. Nesses casos o que deve fazer alguém que esteja sendo alvo dessas energias? Deve procurar um centro espírita ou um terreiro?

Para todos os males existem remédios diversos, e até mesmo na medicina os médicos utilizam prescrições diferenciadas. Há, por exemplo, a alopatia e a homeopatia. A primeira utiliza remédios que, por vezes, agridem o organismo e nem sempre tratam as causas profundas das enfermidades. Com a homeopatia, atuando de forma totalmente diferente, procura-se tratar essas causas.

As pragas, a inveja, os ódios, o mau olhado, atuam na forma de energias deletérias que são lançadas sobre o alvo e que podem adoecê-lo ou causar variados tipos de problemas.

361. Pode explicar melhor?

As energias citadas são forças mais ou menos poderosas, impulsionadas pela mente e sua atuação está subordinada às leis naturais. Ninguém pode negar sua existência, mesmo porque elas têm sido estudadas em instituições científicas, particularmente nos países do antigo bloco soviético, tanto assim que, durante muito tempo, era comum ouvir-se falar em guerra psíquica. Os ex-soviéticos testaram essas possibilidades, inclusive com o ex-presidente Nixon, dos Estados Unidos, que, durante uma viagem à ex-União Soviética, sentiu que estava sendo pressionado por forças paranormais.

362. Pressionado por forças paranormais?

Exatamente. Esse, e muitos outros fatos dessa natureza foram narrados pelas jornalistas Sheila Ostrander e Lynn Schroeder no livro *Experiências Psíquicas Além da Cortina de Ferro.*

E nós mesmos, em nosso dia a dia somos muitas vezes pressionados por forças dessa natureza, e não sabemos.

Mas ocorre também do alvo ser a própria fonte. Isto acontece quando a pessoa gera energias negativas e recebe o seu retorno. A lei do retorno é uma lei natural, infalível e implacável. Nós somos fulcros de energias diversas, comandadas pela mente e alimentadas pelas emoções. Somos seres pensantes, responsáveis, portanto, pelas emissões que fazemos, pelas forças que lançamos para o espaço. Por isso, sempre as recebemos de volta, num retorno inevitável. Existe um grande número de pessoas que ao se sentirem pressionadas por forças dessa natureza, ou mesmo, para qualquer coisa que acontece dizem logo que é macumba, inveja, mau olhado, ou coisas parecidas. Mas elas nunca procuram analisar a própria conduta, para ver se as fontes malignas não estão situadas em suas próprias emoções e pensamentos.

363. Eu nunca pensei que essa espécie de auto malefício pudesse ser assim, tão atuante.

É atuante e acontece com muito mais frequência que se possa supor. É por isso que a doutrina espírita prega a vivência do evangelho, principalmente do amor, que é o melhor remédio para qualquer mal.

364. Um momento. Não acha que há uma certa dose de fanatismo nisso que está dizendo? Não creio que o evangelho seja essa espécie de panaceia milagrosa que cura tudo, até mesmo inveja.

O Evangelho não, mas a sua vivência, sim.

Ser manso, pacífico, limpo de coração e fraterno; não ser orgulhoso, egoísta ou ganancioso; perdoar sempre, buscando amar a Deus e ao próximo, e ser sempre caridoso, representa um somatório de atitudes e ações que criam poderosas defesas para quem as pratica. Elas geram luz interior; elevam o teor vibratório, situando essas pessoas além da faixa de sintonia onde os malefícios atuam.

365. O que é essa faixa de sintonia onde os malefícios atuam?

As forças negativas atuam nas faixas vibratórias inferiores, nas quais as ondas mentais de baixa frequência fluem no sentido horizontal. Quando nosso pensamento e emoções vibram em elevada frequência, fluindo no sentido vertical, não damos acesso a essas forças.

Nosso psiquismo é como um equipamento de transmissão e recepção, que poderíamos comparar ao rádio, com a diferença de que nós transmitimos e recebemos ao mesmo tempo. Numa transmissão de rádio, para que alguém possa ouvi-la é preciso sintonizar o aparelho receptor na frequência em que a emissora está transmitindo. Ocorre que na equipagem humana a faixa de transmissão e recepção varia de acordo com o teor íntimo de cada um. Não se trata de uma faixa estável, ao alcance de todos os receptores e transmissores. Uma pessoa de baixa frequência espiritual não consegue sintonizar com outra de frequência elevada. Para que isso ocorra, terá de elevar seu próprio teor vibratório, e para isso terá de mudar a qualidade de sua vida interior. Terá de transformar ódio em amor; egoísmo em altruísmo; maldade em bondade; enfim, passar de má para boa e, sendo uma pessoa boa, vibrando em elevada frequência, já não mais desejará nem conseguirá transmitir energias maléficas a quem quer que seja.

366. Quer dizer que alguém que está vibrando nessas faixas elevadas, não consegue descer vibratoriamente?

Não é isso. Certamente consegue por sua vontade, ou então, em razão das próprias emoções e pensamentos. Se alguém está num momento de vibração superior e acontece algum fato que possa mexer com suas emoções de baixo teor, e se ela se deixa arrastar por essas emoções, vai então descer vibratoriamente. Desce de frequência, entende? E se essa pessoa sofre perseguições espirituais ou psíquicas, é em razão dessa queda vibratória que poderão atingi-la. É aí que dizemos que alguém abriu brechas em suas defesas.

É preciso lembrar também que, mesmo vibrando em faixas mais elevadas, podemos ainda sofrer o assédio de perseguidores espirituais, quando somos culpados em relação a eles, culpas essas, geralmente geradas em passadas encarnações. O remorso, mesmo nas áreas do inconsciente, tem a capacidade de abrir brechas em nossas defesas, facilitando essa sintonia de que falamos.

367. Estou começando a entender. E se for mesmo assim como você diz, é realmente impressionante a sabedoria das leis que regem tudo isso.

Quanto mais estudamos os mecanismos da vida, nessas duas dimensões que conhecemos, maior se torna nossa admiração pela sabedoria profunda, pela justiça perfeita e pelo amor com que o Criador estruturou a vida e as leis naturais que a regem. É onde se vê que tudo caminha para Deus, suavemente impulsionado pela força evolutiva presente no cosmo, e atraído pelo amor do Senhor Eterno.

368. Essa questão de frequência vibratória já está bem explicada, mas eu gostaria de saber se não existem outros meios para as pessoas se livrarem dos malefícios causados pela inveja, pelas pragas e o mau olhado.

O espírito humano possui potenciais fabulosos, que vai descobrindo passo a passo, quando se propõe a isso. Mas a maioria das pessoas ainda dorme o sono tranquilo da sua infância espiritual. Ainda não acordou para a vida, para esse desejo de procura, esse impulso de devassar o invisível, transpor as fronteiras a procura do saber, a procura de enriquecer o próprio interior. Mas a evolução é lei e então as circunstâncias nos colocam na necessidade de partir para essa procura, premidos pela dor, pelas dificuldades, pela necessidade de buscar felicidade e bem-estar. E é nessa busca que vamos adquirindo mais conhecimento e enriquecendo nossos potenciais interiores.

Quanto a outros meios das pessoas se livrarem dos malefícios causados pela inveja, pelas pragas e o mau olhado, provavelmente existem, mas seriam apenas paliativos, porque um problema dessa natureza deve ser visto como um impulso evolutivo a pedir mudanças interiores, ou seja, um ganho maior na evolução espiritual.

Céu e inferno

369. Gostaria de saber se o espiritismo aceita a existência do inferno.

Não da forma como as religiões cristãs veem essa questão, pois basta usarmos o bom senso e logo percebemos que, sendo Deus justo, não poderia jamais condenar filhos seus a um inferno eterno, por piores que sejam as suas culpas.

Pense um pouco, só um pouquinho, como é monstruosa essa ideia que foi adotada pelos cristãos.

Nós podemos facilmente imaginar uma pessoa má, que fez muito mal aqui na Terra, a sofrer terríveis tormentos depois da morte a fim de resgatar suas culpas e também para arrepender-se e resolver mudar de vida. Uma situação assim não vai contra qualquer princípio de justiça. Mas acreditar que esses sofrimentos crueis, terríveis, nunca terão fim... Pense no que é a eternidade, uma eternidade de sofrimentos atrozes; algo que jamais termina; as horas vão passando, os dias, os meses, transformando-se em anos, em milênios, sem jamais ter fim.

Quando sofremos aqui na Terra, esperamos ansiosamente que as horas passem e nos tragam alívio, mas no inferno, não. Não há alívio, nem esperança.

Sinceramente, só mesmo uma mente monstruosa poderia elaborar semelhantes torturas. Uma ideia como essa reflete a mais pura perversidade, porque esse inferno não teria sequer a finalidade de recuperar os maus.

Veja a justiça na Terra. Por mais atrasado que seja o ser humano, os castigos que determina para os criminosos têm finalidades válidas. A primeira é a de afastá-los do convívio com a sociedade, visando preservar essa mesma sociedade de sofrer da parte deles, novas ações criminosas. A segunda é procurar recuperar essas pessoas, torná-las capazes de conviver com as demais sem prejudicá-las. Se a sociedade humana, com todas as suas imperfeições e maldades, não impinge sofrimentos inúteis aos que infringem suas leis, como pode passar pelo nosso pensamento a ideia de que Deus, a soberana justiça, o soberano amor, faria coisas tão medonhas?

370. Acontece que nós não temos o direito de pretender avaliar as ações de Deus. Ele é o soberano de tudo e a nós cabe apenas obedecê-Lo e adorá-Lo.

Deus não colocou limites ao nosso pensamento. Nós podemos pensar, raciocinar, refletir, avaliar porque essas faculdades nos foram dadas por Ele, a fim de podermos aprender a caminhar na vida, a escolher nossos caminhos, a distinguir o certo do errado, o justo do injusto. Ora, se Deus é a matriz de tudo; se foi Ele que estabeleceu as leis cósmicas; se a justiça, sendo o respeito ao direito e à verdade é a grande lei do equilíbrio, acha que Ele iria contrariar as próprias leis, fazendo exatamente o contrário do que estabeleceu para a sua casa cósmica?

371. Está bem. Digamos então que não exista inferno... Sendo assim, de que maneira a justiça divina atua com relação aos que praticam ações contrárias às leis de Deus?

Como já dissemos, o mundo espiritual é constituído de zonas vibratórias, assim como camadas dimensionais a partir da superfície da Terra. As zonas inferiores são regiões espirituais escuras e muito desagradáveis, devastadas por tempestades magnéticas, oriundas do magnetismo inferior dos pensamentos e emoções desequilibrados e em desacordo com as leis divinas dos seus moradores.

Os Espíritos que praticaram ações contrárias às leis de Deus permanecem nessas regiões, ou seja, no Umbral, depois da sua desencarnação e em regime de purgação, mas tais situações não são irreversíveis, porque ao se arrependerem sinceramente dos rumos errados que deram às suas vidas e desejarem mudar esses rumos, poderão sair dessas zonas de dor e de revolta, iniciando nova etapa em sua evolução espiritual.

372. E de que forma isto acontece?

As regiões inferiores são visitadas por falanges de Espíritos trabalhadores no bem, que recolhem os arrependidos, levando-os para instituições socorristas, em zonas menos baixas. Dali, eles poderão voltar à Terra para novas encarnações, ou permanecer mais tempo no mundo espiritual ingressando em escolas ou em grupos de trabalhos, de acordo com as circunstâncias, e possibilidades.

373. Quer dizer que até mesmo os grandes pecadores poderão salvar-se desse inferno.

Sem dúvida. E isto é justo. Na Terra, quando alguém tem uma dívida, basta pagá-la para ficar livre dela. Deus não seria menos generoso ou coerente do que o próprio ser humano.

374. Quer dizer que o culpado paga suas culpas com os sofrimentos que vivencia nessas regiões inferiores?

Não. O sofrimento é consequência dos maus passos dados aqui na Terra. Faz o Espírito refletir, leva-o ao arrependimento, mas o pagamento ou resgate das culpas acontece em futuras encarnações. Os sofrimentos que observamos aqui, as doenças terríveis, os acidentes, enfim tudo aquilo que alguém sofre e que não provocou pela sua conduta atual, ou por seus descuidos, reflete o resgate de ações e/ou omissões de passadas encarnações, e até mesmo do que fez como Espírito desencarnado.

Mas, como já dissemos, muitos dos sofrimentos pelos quais passamos foram gerados por nós mesmos, na atual encarnação, e outros tantos refletem a necessidade de determinados aprendizados para nós.

375. E quanto ao céu, também não existe?

As pessoas que têm criado e conduzido as religiões têm se deixado levar por vias paralelas, às vezes se aproximando da verdade, de outras, afastando-se mais dela. Com isso, desenvolveram aquelas ideias sobre o inferno eterno para assustar os fiéis e levá-los a obedecê-los cegamente, empurrados pelo medo. Em contrapartida, criaram a ideia de céu. Há céu de todo jeito e para todos os gostos, inclusive para satisfazer os prazeres carnais das pessoas.

Cada qual entende esse após vida a sua maneira.

376. Mas, enfim, o céu existe, ou não?

Não da forma como a maioria das pessoas entende. Nós podemos construir nosso próprio céu interior, mesmo aqui na Terra, da mesma forma como podemos criar nosso inferno particular.

Mas existem as faixas vibratórias superiores, habitadas por Espíritos mais evoluídos, e quanto mais elevadas essas faixas, mais belas e harmoniosas elas são, possibilitando tais condições de felicidade a seus habitantes, que nós não temos capacidade para entender.

Para tudo, no entanto, sempre há a questão do merecimento. Quem pensa que depois da sua desencarnação chegará ao céu, ou melhor, às faixas superiores do mundo espiritual, por força de práticas exteriores, tais como, comparecimento aos ofícios religiosos, ofertas materiais às suas igrejas, devoções as mais variadas e assim por diante, terá desagradável surpresa no além túmulo, porque **apenas** as suas ações e atitudes, o bem que realizou de forma desinteressada, os bons sentimentos que nutriu é que irão lhe dar acesso a faixas mais elevadas.

Nem mesmo lhe valerão quaisquer apadrinhamentos ou as situações de realce que teve na Terra. Nada disso pesa na balança das suas aferições, mas tão somente a sua vivência.

377. Como são essas faixas superiores de que fala?

Há muitos relatos dos Espíritos sobre essas regiões vibratórias mais elevadas e mesmo um dos apóstolos disse que tinha ido até o terceiro céu.

Como a matéria quintessenciada é sensível ao pensamento e aos sentimentos, os ambientes espirituais refletem a beleza ou a feiúra do que vai no íntimo dos seus habitantes. Podemos então imaginar quão maravilhosas devem ser as regiões onde habitam seres como Francisco de Assis, madre Tereza de Calcutá, Ghandi e outros Espíritos de escol.

E não se trata apenas dos aspectos de beleza, mas da elevada vibração que ali é uma constante.

Aqui na Terra muitos médiuns e pessoas de grande sensibilidade percebem a presença de Espíritos mais evoluídos com tanta intensidade e numa forma tão divinal, que não conseguem reter as lágrimas. São presenças maravilhosas, irradiando tanto amor, júbilo e paz, que as palavras não conseguem registrar. Daí é possível inferir sobre a qualidade divinal dos ambientes superiores.

Mas não se pense que nessas zonas superiores se desfruta de repouso. Conforme informações dos Espíritos, quanto mais evoluídos, mais eles trabalham e nesse trabalho está o seu prazer, a sua realização.

Nos relatos de Espíritos que narram seu retorno à dimensão espiritual, há sempre o componente do trabalho. Logo que tenham se recuperado dos traumas da desencarnação, começam a sentir necessidade de atividades. Muitos voltam a estudar, porque lá também há escolas, universidades, etc.. Outros pedem trabalho que lhes é fornecido de acordo com suas capacidades e aptidões. Mas por lá também há lazeres os mais variados, dependendo também dos gostos e projetos evolutivos dos habitantes.

378. Quer dizer que aquela ideia de um céu de inativos, cantando glórias a Deus pela eternidade afora, ou sentados no beiral de uma nuvem, tocando harpa, não condiz com a realidade.

A lógica nos diz que uma natureza dinâmica, realizadora, como a do ser humano, não iria suportar uma existência inócua, vazia e inativa pela eternidade afora.

Mesmo que o céu fosse como de certas crenças, com rios de leite e mel, e com todos os prazeres possíveis, chegaria um dia em que tudo isso iria cansar. A natureza humana não suportaria por muito tempo a estagnação.

Deus sabe o que faz. A reencarnação e as infinitas possibilidades de crescimento, aprendizado e realização refletem a lei universal da evolução contínua.

379. Mas não há relatos de Espíritos que já estiveram nessas faixas mais altas?

Há, sim. André Luiz mesmo faz um relato desses. Ele conta que durante o sono se viu em desdobramento e foi conduzido até uma faixa mais elevada, a visitar sua mãe que lá residia. Fala das maravilhas do lugar, mas sem entrar em muitos detalhes.

380. Desdobramento? Como pode ser se ele já estava na dimensão espiritual?

Nós somos seres compostos de vários corpos. Há doutrinas que se aprofundam nesses estudos e elas informam sobre a existência de sete corpos, a sua composição, finalidade, etc.

André Luiz deixou o corpo mais grosseiro dormindo, para poder, num corpo mais sutil, visitar a mãe naquela faixa vibratória mais elevada.

Amar o próximo

381. Gostaria que você respondesse a uma questão bem simples: o mais importante dos mandamentos é amar a Deus sobre todas as coisas e ao próximo como a nós mesmos. Pois bem, se já é difícil amar a Deus, muitíssimo mais difícil é amar o próximo, quando sabemos que os especuladores, os políticos, os gestores e empresários desonestos, os bandidos de todos os tipos são também o nosso próximo.

Realmente, isto pode parecer impossível por causa do nosso atraso espiritual, mas o amor ao próximo é fruto do amadurecimento, do crescimento interior que ocorre mediante as muitas experiências reencarnatórias, quando sabemos aproveitá-las. Por enquanto, na nossa atual faixa evolutiva são poucas as pessoas capazes de realmente amar o próximo, ou melhor, esse tipo de próximo a que você se referiu.

382. Será que alguém é mesmo capaz de amar gente desse tipo?

Sem dúvida. Existem criaturas que já alcançaram tal patamar evolutivo, que são capazes de ver nos perversos, nos criminosos e nos gananciosos, apenas irmãos em evolução, vivenciando as características de suas próprias naturezas. Chico Xavier, por exemplo, sempre os viu dessa forma.

383. Irmãos em evolução... E nós também não somos irmãos dessa gente? Eles, no entanto, não se preocupam com isso.

Sem dúvida, estão ainda mais atrasados do que nós no que se refere a esses valores.

Mas, agora vou fazer uma pergunta, que seria muito bom cada um de nós fazer a si mesmo antes de julgar o próximo, ou mesmo, antes de vibrar mal contra quem quer que seja.

384. Que pergunta é essa?

Se estivesse no lugar da pessoa que está julgando, como agiria?

385. Ora... Você acha que eu seria capaz de especular com a fome do povo ou então matar, roubar, estuprar, e outras tantas barbaridades? Que absurdo!

Absurdo, no nosso atual conceito de vida. Mas precisamos lembrar que, enquanto já conseguimos atingir o atual grau de entendimento, milhares e milhões de pessoas estão ainda numa faixa de evolução bastante primária. Suas ações estão de acordo com seu patamar evolutivo.

386. Concordo em que as pessoas de evolução primária sejam ignorantes, rudes, com mentalidade retrógrada, mas não perversas. No próprio reino animal não existe perversidade. O animal mata para comer. É o seu instinto. Mas existem pessoas que matam pelo simples prazer de matar. Há pessoas que estupram até crianças, como tem sido noticiado. Como é que se pode perdoar uma criatura assim? Amá-la, muito menos.

Essa questão dos estupros é realmente lamentável, diria terrível, mas se olharmos por um prisma mais elevado, vamos encontrar muitas outras causas ou circunstâncias, que devem ser vistas.

387. Por exemplo...

Alguém que pratica um ato dessa natureza deve estar cercado de Espíritos perversos e ser de índole perversa ele próprio. E é o caso de perguntarmos: será que nós mesmos, em nosso passado milenar já não fomos também pessoas assim?

388. Que é isso? Que absurdo é esse? Eu tenho certeza absoluta de que jamais, em qualquer reencarnação, pratiquei coisas desse tipo.

Nós não sabemos do que fomos capazes de fazer em nosso passado reencarnatório. Nos processos de regressão de memória, muitas pessoas virtuosas, boas e corretas, dignas e honestas, regridem a alguma encarnação, na qual praticaram as mais terríveis ações, totalmente incompatíveis com sua natureza atual. Essas pessoas ficam simplesmente horrorizadas com tais lembranças.

389. Você está querendo dizer que todo mundo já foi perverso, desonesto, cruel, e por aí a fora?

Todos nós passamos pelos mesmos caminhos, vivenciando o instinto mau existente em nosso ser, liberando-nos dele pouco a pouco. Evolução é isso. Temos de passar por todas as experiências no decorrer dos milênios e é na dor e na alegria que elas nos proporcionam, que vamos crescendo e nos desfazendo de tudo que é incompatível com o amor.

390. Está aí coisa na qual não acredito.

Realmente, é difícil acreditar que já fomos capazes de cometer determinadas ações. Mas é preciso ver que cada um vivencia e gasta seus instintos inferiores à sua maneira.

Há quem o faça detonando bombas atômicas sobre uma cidade, queimando dezenas de milhares de pessoas numa fração de segundo, ou mande para as câmaras de gás multidões de criaturas inocentes.

391. Mas, se os animais que são seres dos mais inferiores, não fazem o mal pelo simples prazer, por que então o ser humano faz?

A perversidade é produto da inteligência aliada ao mal. O bem e o mal são os dois extremos da vivência humana. Vivenciando ora um, ora o outro, ou ambos ao mesmo tempo e recebendo o retorno na mesma medida e na mesma intensidade, nós vamos estruturando nossa personalidade e amadurecendo nosso Espírito, aprendendo a viver em harmonia com as leis universais. Dessa forma o perverso nada mais é do que alguém que está numa das fases de sua evolução. Um dia ele começa a receber o retorno das suas ações e esse retorno será em forma de sofrimento, força capaz de ir limpando seu Espírito, alijando-o das cargas inferiores, do instinto perverso, que hoje carrega em seu íntimo.

392. A explicação é convincente, mas mesmo assim não dá para perdoar e muito menos amar uma criatura dessas.

Realmente, para nós ainda é difícil conseguir amar o próximo, ou melhor, o próximo errado e perverso. Mas se não conseguimos amá-lo podemos e devemos perdoá-lo e orar por ele, pedindo a Deus para ajudá-lo a chegar mais depressa à compreensão de sua situação espiritual.

393. E deixá-lo livre por aí, para continuar a fazer o mal?

Perdoar é compreender e deixar de odiar. Mas os povos, inspirados pelo alto, criaram suas leis, seus mecanismos de defesa, que devem ser aplicados. Não se justificaria, em nome da caridade, deixar solto por aí um ser maléfico à sociedade. Seria falta de caridade com esta última.

394. Mas por que então Jesus mandou amar o próximo, se isto é algo tão difícil, diria quase impossível para a maioria das pessoas?

Muitos o conseguem, mas nós, que ainda não alcançamos mais elevados patamares em nossa evolução, devemos lutar contra nossas próprias tendências inferiores nos esforçando para perdoar, ou seja, não odiar, e isto é possível mediante a compreensão.

Ao pensarmos nessas criaturas, seres que ainda estão vivenciando seus mais baixos instintos, e sabendo que irão amargar o retorno dos seus atos, na mesma intensidade da dor que geram para o próximo, esse entendimento nos ajuda a não odiá-los, e não odiando, já é um grande passo para, no futuro, conseguirmos amá-los.

E há outro aspecto muito importante nessa questão. O amor é a mais elevada vibração cósmica. É o mais poderoso recurso que Deus deu para o nosso próprio bem-estar. Jesus apresentou-o na categoria de mandamento e, hoje, já temos condições de entender que obedecê-lo beneficia em primeiro lugar a quem o cumpre.

A ciência já afirma que o perdão e os sentimentos e ações gerados pelo amor são altamente benéficos aos que os cultivam. Amar, portanto, faz bem. O ódio faz mal, podendo até mesmo desenvolver doenças. Desejos de vingança, rancor, ciúme, inveja, desamor, mágoa, são muito prejudiciais a quem os vivencia, tanto agora, nesta encarnação, quanto em seu futuro espiritual.

Amar sempre, a tudo e a todos, faz bem em todos os sentidos. Jesus sabia disso e por isso sempre enfatizou tanto, ao longo de toda a sua jornada na Terra, a necessidade primordial de amar.

Amar faz bem, e o amor nos faz bem.

Procurar a felicidade

395. Você tem falado muito em evolução, em progresso espiritual, como sendo a coisa mais importante da vida, mas creio que a maioria das pessoas acha que o mais importante é procurar a felicidade, o bem estar. É a gente se sentir de bem com a vida, com o mundo.

O que significa, para você, a felicidade?

396. Ora... É ter uma casa confortável, uma boa profissão na qual nos sentimos bem. Morar num local bom, onde se possa curtir uma praia ou um clube nos finais de semana, pegar um filme, um show, curtir os amigos, o amor...

É interessante observar como nada disso colide com a evolução. Você pode trabalhar para conseguir as situações materiais que possam dar-lhe felicidade, e trabalhar, ao mesmo tempo, pela sua evolução.

397. Um momento. Ninguém vira santo, sendo pecador ao mesmo tempo.

Tudo isso é apenas uma questão de bom senso.

398. Pois eu quero ver qual é o bom senso que vai me convencer de que alguém pode ser pecador e santo ao mesmo tempo.

Não se trata de ser santo ou pecador. Trata-se de evoluir. Ser hoje um pouco melhor que ontem e amanhã tentar ser melhor que hoje. A natureza não dá saltos e nós temos de vivenciar as experiências de todas as faixas evolutivas, desde os reinos inferiores, passando por todas as gradações do reino humano, para chegar ao angélico.

399. Gradações do reino humano?

Já reparou que é fácil encontrar pessoas que mal saíram do reino animal? São criaturas de pouca inteligência e pouquíssimas aptidões. Por outro lado, há também os seres superdotados, e, nessa faixa entre as duas extremidades, há uma infinidade de gradações. Em termos intelectuais e morais a raça humana é terrivelmente heterogênea. E não se diga que isto ocorre por razões hereditárias, ou mesmo, por influência do meio. A hereditariedade e as condições sociais influem na construção do ser, mas só até certo ponto.

400. Então, explique a razão de existirem gênios e obtusos na Terra.

Os gênios são Espíritos mais velhos, que já vivenciaram maior número de experiências, num maior número de reencarnações, ou então, foram mais ativos e aproveitaram todas as oportunidades de aprendizado, pois sabemos que existem pessoas que se acomodam com o mínimo. Se você observar, por exemplo, os empregados de uma empresa, vai encontrar aqueles que nunca sobem de posição, levam a vida marcando passo e reclamando, mas não se lembram, ou não querem se lembrar de que existem livros, cursos, treinamentos inúmeros e outras coisas que fazem a pessoa crescer em suas aptidões e dessa forma credenciar-se a melhores funções.

Eu conheci um senhor no Rio de Janeiro, que começou a trabalhar na Shell Brasil como *office-boy*, aos 16 anos.

Era de uma família muito pobre e precisava trabalhar para ajudar na manutenção da mãe e dos irmãos. Mas era do tipo empreendedor, não ficava esperando seus sonhos e desejos caírem do céu. Fez todos os cursos que pôde, leu muito e procurou aprender tudo que entendia ser importante. Além disso, era um empregado exemplar, nunca faltava ao trabalho, era honesto, responsável e educado. Pois bem, esse homem galgou inúmeros postos, participou da diretoria chegando a ser assistente do Presidente e o representante da empresa no Conselho Nacional do Petróleo. Esse homem construiu sua vida, cresceu profissional, social e culturalmente às custas do próprio esforço. Enquanto isso, os colegas viviam se mordendo de inveja e continuando nas mesmas posições. Por quê?... Porque eram acomodados ou preguiçosos, irresponsáveis, etc.

Então podemos ver que, sem falar em alguns casos cármicos, nos quais a pessoa realmente não consegue qualquer realização material, só não melhoram, não crescem, aquelas que se acomodam, ou então, as irresponsáveis, preguiçosas, viciadas, e tais, que não procuram se corrigir.

401. Mas existem pessoas que já nasceram numa condição tão difícil que nunca vão ter qualquer chance na vida.

A lei maior situa o nascimento ou reencarnação de cada Espírito no lugar certo, na condição de que necessita para sua evolução e para as reparações que tenha de fazer. Cada qual renasce no meio que lhe é mais adequado e, na posição na qual a vida o colocou, encontra sempre as oportunidades de que está precisando para vivenciar experiências, crescer espiritualmente e ampliar suas aptidões.

Eu conheci uma família que, de repente, perdeu tudo, até mesmo as próprias condições de trabalho pela sobrevivência. Era constituída de um casal com excelente nível de instrução, ambos poliglotas, e cinco filhos. Tiveram de ir morar numa casinha muito pobre. No entanto, as crianças sempre estavam calçadas e limpas, apesar de usarem roupas que as pessoas lhes davam. A casa estava sempre limpa, arrumada e enfeitada com flores. Numa das paredes havia um armário cheio de livros e no quintal, uma horta muito bem cuidada, que proporcionava alimento saudável à família. Na frente da casinha um pequeno jardim com flores dava as boas vindas a quem chegava.

402. Espere aí... Eu acho que essa é uma história de caçador.

Não é história de caçador. Isto aconteceu de fato, mas em outro lugar e há muito tempo atrás. Eu a contei apenas para mostrar que é possível ser pobre, mas de uma pobreza limpa, procurando criar um ambiente saudável e agradável, apesar da falta de recursos. Sempre é possível buscar instrução, conhecimento, experiência; não se acomodar com a sujeira e o desconforto.

403. Mas nós estávamos falando dos gênios e das pessoas obtusas. E você dizia que o gênio é um Espírito mais vivido com um maior número de encarnações. E as pessoas obtusas, o que são? São elas resultado da acomodação, da preguiça?

Certamente, em muitos casos, trata-se de uma questão de idade sideral, ou seja, são Espíritos mais novos e até recém ingressados no reino humano. A preguiça e a acomodação, muitas vezes, refletem essa condição, mas nem tudo se encaixa nos mesmos critérios, porque cada qual tem sua própria história, calcada no decurso de "N" reencarnações e experiências as mais diversas.

404. O que você quer dizer com "Espíritos recém ingressados no reino humano"? São Espíritos que foram criados numa época mais recente, é isso?

Diria que são Espíritos que transitaram do reino animal para o humano em épocas mais recentes. São mais novos, portanto, na condição humana. Daí, as suas poucas aptidões e seu menor desenvolvimento intelectual e sua inércia.

Certamente é por isso que a administração espiritual da Terra permite haver tantas condições de pobreza em nosso planeta, porque aquilo que nos falta e temos vontade de adquirir, nos impulsiona a agir. A vontade de ter é uma grande força que impele para o progresso. O ser humano progride empurrado pelo sofrimento, ou atraído pelo desejo.

405. É... Realmente, essa argumentação é bem interessante.

Mas nós estávamos falando sobre evolução espiritual, como sendo a grande necessidade do ser e que não se choca com as suas necessidades humanas, ao contrário, vem complementá-las, coordená-las, dar-lhes uma condição de harmonia, de tranquilidade.

406. Pois é justamente isso que não consigo entender.

Algumas religiões fazem a cabeça das pessoas, gerando fanatismo, aprisionando mentes e emoções. Mas as leis naturais, que são a grande verdade cósmica, libertam. Elas nos esclarecem, nos conduzem, nos amparam e impulsionam com segurança para o progresso espiritual que é o mesmo que felicidade, porque felicidade plena só existe aquela que se conquista por meio da evolução, do crescimento interior; é quando os nossos pés caminham pelas estradas da Terra, mas a fronte roça as alturas. Esse é o ponto máximo de felicidade que podemos ter aqui, nesta dimensão.

Se temos lutado tanto por levar a mensagem espírita às outras pessoas é porque o espiritismo avançou muito no conhecimento dessas leis maiores que nos libertam do fanatismo, desse fanatismo que esmaga a criatura debaixo da imagem de um Deus parcial, imperfeito e até mesmo sádico e cruel, que vive a castigar seus filhos inexperientes.

É preciso eliminar das mentes das pessoas aquela ideia de um Deus de chicote na mão. Ele é Pai amoroso e sábio, que rege a evolução de seus filhos ensinando-lhes a conduta certa, para sua própria felicidade, mas se um deles é teimoso e mete a mão no fogo, a culpa é dele próprio, e não pode acusar o Senhor da Vida pelas queimaduras que sofra. As leis divinas nos dão liberdade de ação até o ponto em que essa ação não vá prejudicar alguém. Mas dentro dessa faixa de liberdade nós podemos vivenciar tudo aquilo que seja bom para nós, que nos faça felizes.

407. Quer dizer que o espiritismo me deixa fazer tudo o que tenho vontade?

O espiritismo não arroga a si o direito de proibir isto ou aquilo, nem de obrigar alguém a proceder desta ou daquela forma.

408. Nesse caso ele não é uma religião. Se não determina

uma linha de conduta, se não cuida, não orienta nem define a vida religiosa de seus adeptos... Para que serve, então?

A humanidade não é mais aquela criancinha espiritual que precisa ser levada pela mão. O ser humano já aprendeu as leis da justiça, da fraternidade e todas aquelas de que precisa para a construção de um mundo bom para todos. Todas as religiões existentes já ensinaram as ideias relativas a Deus. Até agora as pessoas têm sido arrastadas pelas religiões a rédea curta. Mas agora, nesta fase da transição que vai marcar a ascensão da Humanidade a um grau mais evoluído, é hora de assumirmos nossas responsabilidades ante a vida que o Criador nos concedeu. É hora de entendermos que a vida universal se rege por leis sábias, justas e perfeitas, e que nós precisamos aprender a nos conduzir dentro desse Direito Cósmico, que define os direitos e os deveres de todas as criaturas, sem necessidade de que as religiões continuem com suas pregações de Céu e Inferno.

409. Ah, mas o papel das religiões é justamente esse. O de mostrar aos fiéis o que é certo e o que é errado.

As religiões são de essência Divina, mas foram criadas e são mantidas pelos homens, com todas as suas tendências boas e más. Por isso, erram muito em suas interpretações. Assim, o mais importante é orientar-se pela própria consciência, porque ela, a consciência, em sua essência mais profunda, é justamente aquela fagulha Divina que desceu à matéria para evoluir. Se ouvirmos sua voz não erramos, porque ela não mente, não age com parcialidade, nem com fanatismo.

410. Não concordo. Eu conheço pessoas que cometeram erros ao agirem rigorosamente dentro do que a consciência lhes ditava.

A maioria das pessoas, por mais sinceras, estão sujeitas ao erro, porque a sua consciência ainda está muito envolta na materialidade e porque acostumou-se a torcer as coisas, de acordo com os próprios interesses. Mas quando o ser se habitua à sinceridade, à honestidade, retirando todas as máscaras que criou, consegue mergulhar mais fundo na própria consciência e então, se errar, seu erro será menor, e ao constatá-lo trata de corrigir o que puder. Esse é o grande aprendizado da evolução. E quando dizemos que a consciência age com honestidade, sem fanatismo e não mente, isso significa que as suas chances de errar são muito menores; e quando o ser atinge mais elevados graus em sua evolução, a sua consciência, iluminada pela luz crística, transforma-se no condutor que não erra. Por isso o espiritismo não proíbe isto ou aquilo. Seu papel é esclarecer, orientar e consolar, ajudando as pessoas a se libertarem das algemas do Espírito, que construíram ao longo dos séculos. O espiritismo não impõe, convida; não ameaça, adverte. Ele se expande por intermédio das ideias e dos conhecimentos que apresenta. É um conhecimento que se espalha, mas que não cobra filiação; não carrega consigo qualquer ficha de adesão. Por isso o espírita é livre para fazer o que quiser, mas sabendo com exatidão o que lhe é, ou não, conveniente.

411. Pois eu acho isso um absurdo. Se um espírita se conduz mal, ele vai ser para os outros como um péssimo exemplo.

E as pessoas são todas livres para seguir ou não o seu exemplo.

412. Mas isso prejudica o espiritismo.

Absolutamente. O espiritismo ensina um conhecimento e proclama uma ética de vida. Provém de fontes espirituais e não humanas e se alguém que se intitula espírita fugir à linha de conduta que a Doutrina prega, esta nada tem a ver com isso. Todos somos aprendizes da Verdade e da Fraternidade.

413. Ah, mas assim, como é que a gente pode confiar? Digamos que eu estou com um problema sério e preciso da ajuda do espiritismo. Vou a um Centro e sou atendido por um tarado, um bandido, ou algo parecido.

Também não é assim. Que é isso? Existe uma seleção natural nisso tudo. Só procuram o espiritismo aqueles que estão precisando de ajuda, os que querem conhecer a Doutrina, e aqueles que se dispõe a colaborar nessa seara de graça, sem receber nada em troca, só por amor, por uma necessidade de crescimento interior. Por certo os tarados, os assaltantes e outros não têm razões para levantar essa bandeira. Além disso, os Centros Espíritas são dirigidos por grupos de pessoas, mais ou menos conscientes das realidades espirituais, que não vão admitir no quadro dos colaboradores da casa quem não apresente as qualidades mínimas necessárias a esse fim. Mas, mesmo assim, nós sempre recomendamos que se analise o ambiente do Centro Espírita que se pretende frequentar; o ambiente, para sentir se é realmente fraterno e elevado, e se ali se cultivam as virtudes que Jesus pregou.

As pessoas que usam a cabeça, que analisam, observam, meditam, acertam com muito maior frequência, até mesmo na escolha de um bom Centro Espírita.

414. Está bem. Creio que deu para entender.

Sono e sonhos

415. Gostaria de saber o que significam os sonhos.

Muitos sonhos refletem nossas andanças na dimensão espiritual. Outros dizem respeito a cenas gravadas no subconsciente e que vem à tona, quando tivemos um dia muito marcado por determinados fatos ou situações. Outros ainda, representam imagens criadas pelo trabalho mental.

Há também o mergulho nas faixas do inconsciente, quando entramos em contato com os arquivos mentais e com cenas vividas nesta mesma existência ou em outras encarnações.

Algumas pessoas sonham frequentemente com determinada cena. São os sonhos recorrentes, que ocorrem nesses mergulhos no inconsciente, ou ainda, em andanças na dimensão espiritual sempre nos mesmos lugares que, por algum motivo, as atraem.

De outras vezes são Espíritos que, durante o desdobramento do sono, lançam em nossa tela mental imagens que refletem esclarecimentos, exortações, premonições, ou então, coisas assustadoras, quando se trata de Espíritos maus ou negativos. Essa última situação se nos apresenta em forma de pesadelo.

416. Quer dizer que nem sempre o sonho significa uma profecia ou premonição?

É preciso ter cuidado e bom senso ao tentar interpretar sonhos. Muitas vezes, alguém tem um sonho que lhe parece premonitório, e que mostra coisas terríveis que estariam para acontecer e essa pessoa fica preocupada e angustiada. No entanto, o tal sonho foi apenas o trabalho de algum Espírito perturbador, que conseguiu o que queria: perturbar. Sonhos assim também podem refletir imagens do inconsciente, muito carregado de cenas macabras, aflitivas ou de terror. Por isso nunca é bom assistir a filmes com esse tipo de conteúdos, porque os conteúdos mais pesados, mais tenebrosos são os que mais fortemente marcam o psiquismo e mais firmemente permanecem arquivados no subconsciente.

417. Você disse que durante o desdobramento do sono, os Espíritos podem lançar imagens em nossa tela mental. Como isto acontece?

Há momentos, durante o sono nos quais nos afastamos do corpo físico, vivenciando nossas andanças na dimensão espiritual, indo para onde nossas fantasias, desejos e possibilidades nos possam levar. Em outros momentos permanecemos em repouso, flutuando pouco acima do corpo carnal. É quando nosso eu mergulha nas faixas do subconsciente ou do inconsciente, revendo imagens do cotidiano e até mesmo de passadas encarnações.

Nessas ocasiões também pode ocorrer de Espíritos lançarem imagens em nossa tela mental. Há muitos relatos de médiuns que foram levados a algum local na dimensão espiritual visando a um preparo para seu trabalho mediúnico. A médium Yvonne Pereira relata alguns fatos dessa natureza. Num deles ela conta que era levada pelo Espírito

Víctor Hugo a determinado local, à época em que psicografava um romance, ditado por ele. Ali, ele ia narrando as cenas que ela iria psicografar no dia seguinte e, ao mesmo tempo em que falava, o cenário e as cenas iam se desdobrando à sua frente, com tanto realismo que ela podia sentir a textura e o cheiro do local, e até mesmo perceber os sentimentos dos personagens.

418. Por que ele agia dessa forma?

Porque ficava mais fácil para ela psicografar com total realismo algo que lhe era conhecido. A psicografia, mesmo quando é mecânica, passa pela mente do médium e assim, era possível uma narrativa exata, na forma como o Espírito escritor desejava.

419. Você falou em andanças na dimensão espiritual durante o sono. Essas andanças são o mesmo que viagem astral?

É diferente. Na viagem astral a pessoa sabe o que está acontecendo, pois permanece consciente. Já, o desdobramento natural do sono acontece num nível que não permite muita lucidez e raras vezes há a consciência do que está ocorrendo. Nesses momentos, as pessoas vivenciam mais intensamente as suas emoções e os chamamentos dos sentidos. É por isso que os impulsos sexuais, por exemplo, se apresentam por vezes até mesmo com perversões diversas durante o sono, e muitas se lembram de atividades ou atos que não cometeriam em estado de vigília, ou seja, acordados.

420. E esses atos ligados a sexo acontecem mesmo na outra dimensão?

E por que não poderiam acontecer? A vida, além da morte, é apenas a continuidade da nossa vida, aqui na matéria.

421. Mas você disse que muitas pessoas, durante o sono, praticam ações que não praticariam acordados.

Observe que durante o sono, com raras exceções, nós permanecemos nas regiões mais próximas da Terra onde o magnetismo é de natureza inferior, bestializada. Essa é uma faixa onde as emoções e os pensamentos têm muita força. Se alguém ali começar a pensar, por exemplo, em sexo, logo o seu pensamento, as suas sensações irão atrair Espíritos viciados em sexo, envolvendo-o em ondas de desejo tão fortes que dificilmente deixará de cair na tentação. O mesmo ocorre em outras áreas da emoção ou do pensamento.

422. Você falou em Espíritos viciados em sexo. Isso existe?

Se existem pessoas viciadas em drogas, em álcool, em jogos e assemelhados, também existem Espíritos com vícios idênticos porque a morte, ou desencarnação, não transforma o ser.

423. Ah, mas isto é terrível! A morte deveria pôr um ponto final nessas coisas.

Por que você acha que a morte deveria realizar milagres? Não seria sequer justo, porque quem se deixa escorregar pelas encostas do abismo, mediante a lei, para retornar, terá de subir pelas mesmas encostas, com todas as dificuldades que isso acarreta. Só assim, futuramente terá mais cuidado, será mais prudente e não voltará a cair. O ser humano sempre se acostumou às ideias do menor esforço, da graça que não mereceu e do "jeitinho" que quase sempre consegue dar para se sair bem dos erros que comete. Mas às leis cósmicas ninguém enrola.

Nós vivenciamos durante o sono a realidade da nossa faixa evolutiva, e acredito que isso serve também para nos ajudar a liberar de nossa intimidade espiritual de certos elementos primários que ainda carregamos. Seja como for, muita gente vivencia durante o sono as situações que não pode viver no corpo denso.

424. Isto é inacreditável! Quer dizer que se eu passar o dia trabalhando honestamente, e à noite me dedico a uma atividade nobre e digna, ao dormir, vou me perder aí pelo Umbral, fazendo coisas que não devo?

Tudo isso é relativo, embora muitas vezes nossa mente esteja voltada numa direção, mas os sentidos em outra. Inúmeras pessoas, durante o sono, participam de atividades espirituais socorristas, de cursos, de encontros de caráter elevado, de palestras, reuniões, etc.. Isto porque seus reais interesses estão nessa direção.

Muito do que vivenciamos durante o dia, em pensamentos, atitudes e ações, vamos repetir durante o sono. Muitos médiuns e doutrinadores espíritas participam, durante o sono, de atividades assistenciais a Espíritos sofredores e obsessores, dando continuidade aos atendimentos feitos durante as reuniões mediúnicas.

O mesmo acontece com inúmeros pastores e padres que realizam seus cultos ou missas no plano espiritual durante o desdobramento do sono, ao passo que os gananciosos, os políticos corruptos e outros tais, estarão tramando novas maneiras de conseguir o que querem.

Acontece também que muitas pessoas possuem companhias espirituais que as aguardam na outra dimensão, para atraí-las aos seus misteres eletivos, assim que se desprendem do corpo físico.

425. Como é isso?

Nós atraímos Espíritos que se identificam com nossas inclinações e eles são geralmente as nossas companhias noturnas. Por isso, a Doutrina Espírita enfatiza tanto a necessidade de conduta regrada, orientada pelo bem e pelo amor posto em ação, porque a vivência dos valores mais nobres do Espírito e o pensamento elevado, são as melhores garantias para nosso equilíbrio não apenas durante a vigília, mas também durante o sono.

426. Essas explicações me deixaram bastante confuso.

Realmente, o que acontece conosco durante o sono é um universo de ambientes e situações ainda pouco conhecidos. Existem alguns livros que tratam desse assunto e que seria interessante conhecer.

427. Quais são?

Na coleção, André Luiz narra, no livro *Nosso Lar*, várias passagens sobre situações e fatos ocorridos durante o desdobramento do sono de algumas pessoas. O Espírito Lancelin, no livro *Iniciação – Viagem Astral* trata desse assunto com maiores detalhes e de maneira mais profunda, mostrando alguns ângulos que ainda eram desconhecidos para nós. Há também o livro *"Sexo Além da Morte"*, de autoria de Ranieri, mostrando experiências dele próprio, durante desdobramentos conscientes. Esse é um livro que pode até parecer fantasioso, mas, bem analisado e comparado com outras informações, é possível perceber que suas narrativas podem ser bem reais.

428. Fale mais sobre a influência do nosso pensamento e dos sentidos, durante esses desdobramentos.

O livro *Iniciação – Viagem Astral* narra episódios ocorridos durante um curso dado a mil e tantos candidatos a desdobramento consciente. Esse tipo de desdobramento ocorre num nível de maior consciência, de maior lucidez, do que no sono comum.

No grupo de trabalhos espirituais, dirigidos pelo Espírito Miramez e descritos nesse livro, eles treinam esses candidatos nas mais diversas tarefas assistenciais, porque existem situações nas quais há necessidade do magnetismo fornecido por uma pessoa encarnada.

Lancelin conta que certa vez, quando a equipe espiritual de Miramez foi chamada a dar assistência a um casal que havia sofrido acidente grave e estava hospitalizado em estado melindroso, ele foi encarregado de buscar um dos alunos do curso de viagem astral consciente. Lancelin observou a boa frequência vibratória do aluno, admirando seu potencial evolutivo. Como esoterista que era, aquele homem lutava muito contra certos impulsos de sua natureza.

Tudo ia muito bem até chegarem ao hospital, mas já no quarto onde se encontrava o casal acidentado, no momento em que o aprendiz pôs os olhos em cima da enfermeira que vinha substituir a anterior, tudo começou a mudar. Tratava-se de uma mulher muito bonita e atraente. Até aquele momento o candidato a viagem astral consciente movimentava-se na atmosfera espiritual do grupo com bastante lucidez, vendo com nitidez a todos os participantes da equipe que era formada por Espíritos. Mas ao ver a enfermeira ficou a olhá-la, fascinado com sua beleza, imaginando mil situações diferentes junto com ela. Foi o bastante. Sua frequência vibratória caiu bruscamente e ele perdeu o contato com a equipe espiritual.

429. Por que ele perdeu esse contato?

Porque mudou de frequência. A equipe de Miramez continuava a vê-lo. Foi ele quem se isolou em razão das cargas de energia inferior que desenvolveu.

430. Deixa ver se entendi. Quando ele baixou a frequência vibratória tornou-se mais materializado e por isso perdeu a sintonia com os Espíritos que estavam numa frequência mais elevada. É isso?

Exatamente. E é interessante observar que a presença de um Espírito muito materializado pode ser sentido facilmente por um sensitivo, que o percebe, de forma quase física. É semelhante ao que acontece quando uma pessoa se aproxima de nós pelas costas, silenciosamente, mas sentimos a sua presença.

431. Isso acontece comigo. Às vezes, estou trabalhando no computador e sinto como se tivesse alguém atrás de mim. Viro-me para olhar e... ninguém. Será que se trata de algum Espírito mau?

Não, necessariamente. Pode ser simplesmente alguém muito apegado à matéria, às coisas meramente materiais, tornando por isso seu corpo espiritual mais denso, a ponto de ser sentido por uma pessoa encarnada, que tenha maior sensibilidade.

432. Realmente, esse estudo é mesmo impressionante. Imaginar que além das fronteiras dos nossos sentidos pode existir um universo imenso de vida, que poderemos observar depois da morte...

E não apenas depois da morte. Aqui mesmo na Terra, em vida, nós podemos começar essas descobertas, que são realmente maravilhosas. É pena que as pessoas tenham tanto medo do desconhecido, que a maioria não tem coragem para abrir esse véu e fica então a criar teorias e mais teorias, como vendas escuras que colocam sobre os olhos.

Mas voltemos ao caso narrado por Lancelin. Aquele homem, o aluno esoterista, apesar de todas as suas elevadas aquisições espirituais no terreno do conhecimento, não conseguira ainda encontrar o ponto certo do equilíbrio em sua vida sexual e, ao ver a enfermeira, seus sentidos ganharam força e seu corpo espiritual embebeu-se de energias primárias, fazendo cair sua frequência vibratória e, com isso, ele deixou de ver a equipe espiritual, vendo apenas a enfermeira.

Dessa forma deixou de ter ali qualquer utilidade e Miramez mandou que o devolvessem ao corpo físico. Ao acordar, lembrou-se do sonho, mas apenas na parte que dizia respeito à enfermeira. Havia perdido uma boa oportunidade de trabalho e de evolução.

433. Mas, por causa dele, os acidentados foram prejudicados...

Não. Deus não deixaria o socorro a seus filhos em mãos incapazes, ou ao sabor do acaso. Aquela enfermeira de que falamos, era uma criatura de grandes potenciais de amor. Ela sentou-se junto à mulher acidentada, cuja condição era mais grave, e começou a alisar-lhe os cabelos, com piedade e carinho. E então Lancelin, o autor do livro, pôde ver na prática como acontece o eterno milagre do amor. Das mãos da enfermeira desciam fluxos de energias luminosas sobre o cérebro da mulher acidentada, atuando nos centros de sua vida cerebral. Aquelas energias, com o magnetismo de uma pessoa encarnada, fizeram com que o organismo da paciente recobrasse suas funções vitais, primeiro passo para futuro restabelecimento. Em seguida, a enfermeira dirigiu-se ao homem acidentado e o mesmo fenômeno se repetiu.

434. Ah, que coisa linda! Nunca pensei em algo assim tão divino...

As coisas de Deus são realmente lindas, desde que queiramos vê-las.

E tudo isso nos leva a questionamentos muito graves: de que forma estamos usando as horas do repouso noturno? Em quais faixas vibratórias estamos nos situando durante o sono?

São questionamentos muito sérios e que têm envolvimentos muito profundos com o nosso dia a dia, mesmo porque nas horas do sono muitas pessoas podem adquirir obsessões das mais variadas naturezas.

435. Eu tenho um amigo que sonha frequentemente com situações angustiantes. Ele se vê perseguido por bandidos e até mesmo por monstros. Isso pode ser uma obsessão?

Pode sim, mas nem sempre esse tipo de sonhos significa que se trata de obsessão.

Os pesadelos têm várias origens. Uma delas é a perseguição acontecendo na dimensão espiritual, mas há outras que ocorrem por causa de imagens de terror lançadas no inconsciente, durante o dia, por meio de filmes dessa natureza e até mesmo noticiários sobre assuntos macabros. Também é muito frequente pessoas serem atraídas para regiões inferiores durante o desdobramento do sono, em razão da baixa frequência de seu teor vibratório e, ali, elas podem passar por situações aflitivas. Por isso sempre é muito importante procurarmos um contato com as faixas mais altas da vida, antes de dormir.

436. Como podemos fazer isso?

Fazendo leituras de elevado teor espiritual e uma prece, dessas que vem do coração, pedindo a assistência dos bons Espíritos. Depois, procurar manter um estado de espírito voltado para Deus, ou para os aspectos sublimes da vida.

437. Gostaria de saber mais sobre os pesadelos provenientes da perseguição espiritual. Aquele amigo de que falei chega a lutar corpo a corpo com aquelas criaturas, e diz que sente por elas muita raiva e até mesmo ódio.

A luta corpo a corpo com Espíritos é o pior caminho, porque ao sentir raiva deles, está baixando ainda mais a própria frequência vibratória e, pondo-se a lutar corpo a corpo com eles, só vai conseguir esticar indefinidamente esse litígio.

438. Qual seria então a solução para acabar com essa guerra espiritual?

Aquela ensinada por Jesus, ou seja, perdão e amor incondicionais.

439. Você está querendo dizer que ele precisa perdoar os Espíritos perseguidores ou são os Espíritos que devem perdoá-lo?

Certamente as duas coisas, embora ele deva simplesmente perdoá-los, sem esperar que o perdoem. No meio de todo ódio há sempre culpa dos dois lados. Se a culpa não é de agora, é de encarnações passadas.

Deus não quer que existam ódios. O ódio só traz destruição e sofrimento. Jesus disse *"Reconcilia-te com teu adversário enquanto estás a caminho com ele"*. Essa reconciliação com os adversários promove também a pacificação com nossa própria consciência, proporcionando-nos harmonia interior. Nunca teremos paz enquanto houver ódio ou rancor em nossos sentimentos.

440. Gostei dessa e das outras explicações. Nada de mistérios nem de recomendações não explicadas. Tudo claro, as causas e as consequências. Mas esse amigo de que falei disse que ao ter esses pesadelos, ele sabe que está sonhando, e quando a coisa fica preta, ele volta correndo ao corpo, acordando.

Isso demonstra que aqueles sonhos refletem realmente perseguições espirituais, que acontecem no desdobramento do sono.

441. E quando alguém sonha com um parente ou amigo já falecido, significa que ele teve um encontro com seu Espírito?

Muitas vezes, isto acontece e pode até mesmo ser promovido pelos benfeitores espirituais, para darem um pouco de alento aos que aqui ficaram, mas pode acontecer também de que se trate apenas de imagens produzidas pelo inconsciente dessa pessoa durante o sono. Quando se trata de encontro na dimensão espiritual a lembrança do sonho fica mais nítida, junto a uma forte sensação de ter realmente estado com aquela pessoa.

Transição

442. A que o espiritismo atribui essa onda de violência, de brutalidade e perversidade que vem acontecendo de forma cada vez mais intensa e dramática nos últimos anos?

Na primeira metade do século XX alguns Espíritos informaram que, a partir da metade do século, as portas da reencarnação começariam a se abrir para as legiões de Espíritos que habitavam nas regiões inferiores do mundo espiritual. Isto significa que a sociedade terrena começaria a ser invadida por eles, que trariam suas taras, seus vícios e demais características de suas naturezas grosseiras, votadas à agressividade, à sensualidade exacerbada, à desonestidade, à preguiça... E foi o que aconteceu, pois tudo começou a mudar a partir dos anos sessenta, quando aqueles contingentes de Espíritos umbralinos reencarnados e seus acompanhantes espirituais começaram a exercer sua influência nefasta, insuflando a imoralidade, a corrupção, os vícios, a agressividade, etc.

443. Gostaria que explicasse isso melhor.

O jornal *Folha Espírita* publicou, creio que foi nos anos 80, uma entrevista com o Dr. Hernani Guimarães Andrade, na qual ele diz que nos anos 40, Chico Xavier lhe dissera ter sido levado em desdobramento a uma comunidade espiritual, numa região do Umbral inferior e que lá estava acontecendo uma gigantesca festa, pois aquela comunidade tinha recebido autorização para reencarnar. E Chico tinha ficado muito impressionado ao observar como aqueles Espíritos eram inteiramente voltados ao sexo. Muitos exibiam órgãos sexuais agigantados e deformados e até a arquitetura local estava saturada de sexo. Na ocasião, dissera o Chico, estava acontecendo uma espécie de procissão carnavalesca, cujos carros alegóricos eram enormes representações de órgãos genitais.

Imagine, então, esse tipo de seres invadindo os ambientes humanos e reencarnando entre nós. Isto explica essa cultuação do sexo, cada vez mais presente no mundo ocidental. Tudo gira em torno dele, poderosamente nutrido pela mídia.

444. Realmente... Tem tudo a ver.

Mas não foram só as comunidades dos sexólatras que tiveram permissão para reencarnar. Também as dos cultuadores de drogas, dos ladrões e dos criminosos de toda natureza tiveram a mesma permissão. É natural então que esse tipo de presenças tenha feito a Humanidade mergulhar num caos moral espiritual como este no qual vivemos. Só mesmo companhias como aquelas poderiam insuflar tantos e tão degradantes vícios e tão infernais comportamentos.

Outra coisa. Por que hoje há tantas pessoas "encostadas" em suas famílias? São criaturas, principalmente homens, que não se interessam pelo estudo, nem pelo trabalho. Passaram e passam os anos da adolescência e juventude cuidando só de suas curtições, vícios e modismos, e então os encontramos aos milhares, vivendo como parasitas, encostados à família e até mesmo aos amigos, plenamente acomodados nesse parasitismo, vivendo apenas as próprias viciações e modismos. Como você explicaria esse fenômeno?

445. Bem, os sociólogos têm procurado explicar...

Mas nunca de forma convincente.

Muitos Espíritos têm falado por meio dos mais diversos médiuns, e em lugares os mais distantes, sobre essas zonas espirituais mais baixas, conhecidas como Umbral. E eles descrevem com detalhes como são aquelas regiões e como vivem os Espíritos que lá habitam: em completa ociosidade. São criaturas com características idênticas a esses encostados de que falamos. E veja que eles receberam permissão para reencarnar, a partir dos anos 50.

E os marginais? Essa classe social, ou anti-social, consideravelmente grande e que começou a surgir também na mesma época? Sem dúvida, são dessa mesma turma dos encostados, só que reencarnaram em famílias pobres que não podem dar-lhes o que eles querem para sustentar seus vícios e curtições. E, então, em vez de procurarem esses recursos por meio do trabalho honesto, que não lhes agrada, partem para o roubo, o assalto, o tráfico de drogas e tudo o mais que lhes dê dinheiro, sem o esforço do trabalho. Os que reencarnaram em famílias em boas condições financeiras, podem usufruir delas e se locupletar com tudo que satisfaz seus Espíritos desviados do bem e da ordem. Então, vemos "filhinhos de papai" divertindo-se adoidadamente, perturbando, molestando, agredindo e até matando, em suas curtições desenfreadas e irresponsáveis.

446. Não posso negar que tenha razão. É fácil perceber como a moralidade na Terra modificou-se radicalmente, como se, de repente, o ser humano tivesse arrancado todas as suas máscaras, pondo à mostra o seu interior. Muitos valores que sempre sustentaram a moral da sociedade, hoje, são motivos de zombaria. Até mesmo as palavras honra, honestidade e dignidade quase não são mais usadas.

Também a falta de vergonha, a sensualidade exacerbada, a corrupção e a falta de ética, sem falar na violência, são a marca desta época. É verdade que elas sempre existiram, embora em bem menores proporções, mas hoje se apresentam de forma multiplicada e escancarada.

E quanto à violência, não adianta dizer que é motivada pelas pressões sociais, pelo estresse, pelas dificuldades da vida e outras tantas... Ela está presente no próprio ar, em tudo. As pessoas nem sabem por que estão violentas. Um filme, para ter sucesso, precisa ter muita violência, muito sexo, ou muito horror... Hoje está cada vez mais comum ver um jovem ou um adolescente, matar os próprios pais, irmãos, avós, com a maior tranquilidade, como se estivesse tomando um picolé.

E as drogas, então? Esse dragão monstruoso que anula os valores nas mentes de seus usuários. E temos a prostituição infantil, a pedofilia... Só mesmo uma alma profundamente degenerada, pervertida, pode ter prazer em fazer sexo com uma criança.

Ninguém pode negar que há milhares de monstros humanos vivendo entre nós.

447. Com que finalidade esses Espíritos tiveram permissão para reencarnar?

A Terra é a escola do nosso Espírito. Ocorre que já chegamos ao final do atual período letivo, a hora do exame e da separação do joio do trigo. Por isso, a administração sideral permitiu a reencarnação daqueles Espíritos de que falei.

Acontece também que, mais recentemente, já neste século, têm chegado novas informações através de diversos médiuns e, principalmente pelo Espírito Manuel Filomeno de Miranda, com psicografia de Divaldo P. Franco, no livro *Transição Planetária*, informando que grandes contingentes de Espíritos que formavam as hordas bárbaras que se encontravam confinados nas regiões inferiores, também receberam permissão para reencarnar nestas últimas décadas. Isto explica a natureza vândala, brutal, cruel, sem qualquer resquício de piedade, nem o mínimo respeito pelo que seja, observável nos últimos anos nas atitudes e ações dos mais diversos tipos de bandidos.

448. Tem razão. A falta de vergonha, a sensualidade exacerbada, a corrupção e a falta de ética, nos últimos anos têm sido "enriquecidas" também pelo barbarismo. Mas, ainda não entendi o porquê de todas essas reencarnações.

É simples. Nós estamos no final de um ciclo evolutivo do nosso planeta, já em transição para uma condição melhor, ou seja, a Terra está transitando de "mundo de provas e expiações" para "mundo de regeneração". Estamos vivendo aquele período de confusão que antecede a demolição de um prédio. E é esta civilização materialista, corrompida, antifraterna, injusta e gananciosa que vai desmoronar e ser substituída por outra mais espiritualizada e fraterna.

As pessoas estão vivendo um momento de forte atração inferior, levando-as a uma definição dos próprios valores, com vistas àquela triagem representada pelo simbolismo da separação do joio e do trigo, de que Jesus falou.

449. Pode explicar isso melhor?

Nas plantações de trigo, muitas vezes, também nasce o joio, muito parecido com o trigo, mas que não serve como alimento. Antes do joio botar espigas e estas amadurecerem não é possível diferençá-la do trigo. Por isso é preciso deixar o trigal amadurecer, para só então arrancar-se o joio.

450. E quais seriam os critérios dessa seleção?

Jesus os definiu inúmeras vezes e com exatidão. Ele disse que nos últimos dias o Rei iria separar os bons e os maus; os bons ficariam a sua direita e herdariam a Terra, enquanto os maus ficariam a sua esquerda e seriam lançados às trevas exteriores. E deu detalhes, dizendo que os bons são aqueles que amaram o próximo, a ponto de ajudálo em suas dificuldades, dando comida ao faminto, roupa ao nu, visitando o doente e o prisioneiro, ou seja, vivenciando a solidariedade, o amor posto em ação.

Como se vê, essa seleção é feita, considerando-se tão somente a vivência, a conduta das pessoas, tendo como referencial o amor.

451. E o que vai acontecer com esses dois grupos, o da direita e o da esquerda de Jesus?

Ficarão na Terra as pessoas cuja evolução espiritual as credencie a permanecer aqui, na nova civilização, ajudando a construir um mundo melhor.

Os "maus meninos", ou seja, aqueles que estão fazendo do nosso planeta esse lugar de maldades, injustiças e sofrimentos; que, apesar de todas as oportunidades, escolheram permanecer nas mesmas posturas, esses serão exilados para mundos inferiores. Lá, reencarnando como filhos dos seres primitivos terão oportunidade de ajudar na evolução daqueles mundos e, ao mesmo tempo, promover a própria evolução espiritual.

452. Não acha essa ideia um tanto quanto estapafúrdia?

Sempre é difícil aceitarmos ideias que sejam inteiramente novas para nosso Espírito, mas essa migração entre os diversos mundos explica inúmeras questões.

O Espírito Emmanuel, no livro *A Caminho da Luz*, psicografado por Chico Xavier conta que, de um planeta do sistema de Capela foram expulsos aqui para a Terra alguns milhões de Espíritos renitentes no mal. Isto, porque aquele mundo se encontrava numa fase de transição, como esta que agora estamos vivendo aqui na Terra, e só poderia transitar para uma condição melhorada, com a expulsão dos "maus meninos" de lá.

Esse fato se deu ainda na nossa pré-história e aqueles Espíritos, muito adiantados na inteligência e em conhecimentos, embora moralmente atrasados, reencarnando como filhos dos primitivos aqui da Terra, promoveram aquele surto evolutivo extraordinário que se deu com as descobertas da roda, dos metais, da agricultura, da indústria, etc., e que os pesquisadores não sabem a que atribuir. Durante milhões de anos a evolução engatinhava e, de repente ganhou força e em alguns milhares de anos o ser humano alcançou progresso impressionante.

453. Como pode ter acontecido isso se, ao reencarnar o Espírito esquece tudo, conforme afirma o espiritismo?

Ao reencarnar, o Espírito passa a se manifestar por intermédio de um novo corpo cujo cérebro não contém os registros de seu passado, mas esses registros permanecem arquivados em seu inconsciente e vão se manifestando na forma de inteligência, aptidões, inclinações e demais características individuais, de acordo com a capacidade cerebral do novo corpo e também influenciados pela hereditariedade.

454. Se aqueles Espíritos exilados eram muito evoluídos em conhecimentos, por que não utilizaram esses conhecimentos, a ciência e a tecnologia que conheciam, para um salto evolutivo da pré-história diretamente a um patamar como o atual?

Os cérebros dos corpos primitivos nos quais iam reencarnando não lhes davam condições para isso. Eram cérebros com um mínimo de possibilidades para alavancar maiores progressos. Isso só poderia ir acontecendo com a sua evolução natural ao longo do tempo e das encarnações, embora fortemente influenciados pelos Espíritos dos exilados, neles reencarnados.

455. E nós também fizemos parte daqueles "maus meninos" que foram exilados aqui para a Terra?

Diz Emmanuel que grande parte deles voltou para seu mundo de origem após séculos de sofrimentos expiatórios, e que muitos ainda se encontram aqui. Mas as transmigrações fazem parte da evolução dos mundos e os Espíritos que hoje vivem, tanto na Terra, quanto nas dimensões que a circundam, têm variadas procedências, inclusive muitos são filhos deste planeta.

456. Por que razão esse avanço fabuloso do conhecimento na Terra, com a ciência e a tecnologia alcançando níveis nunca imaginados, não consegue acabar com a violência, a injustiça, e nem melhorar as condições de vida de tantos milhões que vivem na miséria absoluta?

Essa situação reflete o atraso moral da humanidade terrena. E observe que, até mesmo muitas pessoas que poderiam colaborar para o mundo se tornar mais justo, mais fraterno e, assim, melhorar as condições dos mais sofridos, não o fazem, em virtude do ambiente psíquico da Terra, carregado de energia agressiva e de baixo teor vibratório.

457. O que tem essa energia a ver com a omissão dessas pessoas?

As energias de origem psíquica têm a característica de influenciar a quem tenha alguma afinidade com elas. As de natureza superior encontram sintonia nas pessoas que nutrem sentimentos e desenvolvem pensamentos de caráter nobre, elevado ou espiritualizado, gerando saudável sinergia. Já as de natureza inferior, que vibram em baixa frequência espiritual, geram influência sobre as mentes que se lhes afinem e também sobre aquelas que estejam num ponto intermediário de evolução, sem muita firmeza nos valores nobres que já adquiriram.

458. Se estou entendendo bem, essas pessoas às quais você se refere sentem de maneira mais forte a atração inferior que a superior. É isso?

Exatamente. Isto acontece porque a força do mal ainda está muito mais ativa na Terra do que a do bem, e como a evolução dessas pessoas ainda é insipiente, sem alicerces mais profundos, é natural que a vibração inferior encontre nelas maior ressonância. Mas elas podem, se quiserem, livrar-se das influenciações negativas atendendo as orientações do grande Mestre, que disse: *"Orai e vigiai, a fim de não cairdes em tentação"*. Acontece, no entanto, que poucos se dão a esse cuidado. A maioria das pessoas leva a quase totalidade do tempo cuidando dos interesses materiais e das mais diversas curtições, sem se lembrar de elevar o pensamento em busca das forças mais altas da vida. Com isso, elas se envolvem cada vez mais na própria materialidade, e nem mesmo chegam a sentir vontade de orar, ou desenvolver pensamentos elevados, no rumo da espiritualidade. E quando se põem a orar, é para pedir as mais diversas ajudas. Não sentem necessidade nem vontade de apenas se conectar com o Alto, a procura de luz e de paz. Por isso são tão frágeis diante do mal.

459. Até quando essa força do mal vai estar mais ativa na Terra do que a do bem?

Até conseguirmos transitar para o novo modelo. Esta fase de transição está sendo muito radical, porque o mundo vai mudar de grau. Com isso, as imensas legiões de Espíritos empedernidos no mal, sabendo que poderão ser exiladas para mundos inferiores, estão *"jogando todas as suas cartas"* na tentativa de dominar o planeta e aqui permanecer. As legiões do mal estão aplicando todos os seus recursos para vencer quaisquer esforços que visem à iluminação do ser.

Estamos vivendo o final de uma civilização decadente, mas também é possível perceber que já estamos dando os primeiros passos sobre a ponte que nos levará a uma nova época. Isto pode ser notado em tudo que nos toca e nos cerca.

460. E essa transição vai durar quanto tempo?

Nas últimas décadas, quando nos meios espíritas se falava no terceiro milênio, ou era da regeneração, era comum acreditar-se que essa transição seria de curta duração, como se "Deus estalasse os dedos lá em cima" e as coisas acontecessem rapidamente aqui na Terra. Mas, em raciocínios mais acurados, acabou-se entendendo que ela será lenta, obra do tempo e dos esforços dos seres humanos com o auxílio e a coordenação das falanges do bem, e também pela reencarnação em massa de Espíritos mais evoluídos que já ocorreu e continua ocorrendo, e que estão beneficiando os ambientes terrenos com suas vibrações de ordem superior.

461. Pois, eu não vejo nada de ordem superior acontecendo por aqui.

Não diga isso. Nunca na história da Humanidade houve tantos movimentos em prol da paz, da ética, do respeito pela natureza, da responsabilidade social, pela erradicação da pobreza e tantos outros, quanto agora.

É como se, em meio ao caos, começassem a surgir pequenos espaços organizados; em meio ao desrespeito se levantassem cada vez mais vozes pedindo respeito; em torno dos covis da corrupção surgissem os que exigem decência e honestidade. São movimentos ainda tímidos, mas que continuarão a ganhar força, conforme forem acontecendo as substituições de Espíritos negativos por positivos, mediante o exílio dos primeiros e a reencarnação dos segundos.

462. E quanto às previsões de catástrofes e calamidades apocalípticas das quais tanto se fala?

É certo que essa transição não irá acontecer sem sofrimentos. São as dores do parto para o nascimento de uma nova civilização. Sem dor, ninguém se modifica e com isso, o mundo também não muda.

Quanto às principais localizações, intensidade e abrangência dessas dores, só Deus o sabe. Por isso, o amor e a fé são as duas coisas mais importantes de serem desenvolvidas e mantidas neste período, porque são as forças capazes de nos sustentar o ânimo e nos dar a energia necessária para seguir adiante. São também as aquisições mais importantes para a realização das nossas transições interiores para modelos mais condizentes com a nova civilização, a do "mundo de regeneração".

Recentemente, um Espírito benfeitor nos disse que, neste período de transição, procuremos não nos afligir com situações que não podemos mudar e, mesmo que estejamos "no olho do furacão", busquemos pensar no depois; em como será bela a Terra, quão maravilhosa será a vida, depois que passar este apocalipse.

Oração

Na presença do Mestre

Mentalize em torno de si um campo de energia luminosa, cheio de vitalidade e da pura alegria da natureza.

Relaxe.

Inspire, calma e profundamente, esse ar luminoso, carregado de energia e de alegria. Visualize essa onda de força luminosa penetrando em seu corpo, espalhando-se por ele.

Pare o seu pensamento. Não pense. Use a mente apenas para enviar ondas de bem estar para todo o seu ser.

Sinta-se completamente relaxado e em paz.

Imagine que se encontra no campo, na hora do crepúsculo.

Observe como as nuvens se tingem de rosa e dourado e as flores exalam suave perfume.

Você olha o céu, as nuvens tingidas de rosa e dourado, e começa a sentir uma saudade imensa de algo que não consegue definir.

Olha em torno e percebe que uma luz diferente clareia a paisagem.

Vibrações de paz profunda aquietam os pássaros nos galhos do arvoredo e uma brisa muito suave anuncia a chegada de alguém.

De algum ponto do infinito o Mestre vem caminhando em sua direção. Seu passo é calmo e o semblante belo e sereno.

Aproxima-se mais. Seu olhar irradia afeto, amor profundo, e você se sente envolvido nessas vibrações.

Em seu coração todas as mágoas desaparecem, todos os sentimentos pesados, as tristezas e preocupações desaparecem.

Em suas emoções só há confiança, amor e alegria.

Alguém surge a seu lado. Você olha e vê que é um dos companheiros desta Rede de Orações.

E vai chegando mais um, mais outro, e logo você percebe que todos nós, desta Rede, estamos juntos, diante do Mestre.

Ele olha para todos com imenso afeto. Em seu olhar não existem perguntas, nem censuras, apenas carinho, amor profundo.

Aproxima-se mais um pouco. Dos Seus olhos e do Seu coração partem poderosas vibrações de amor e harmonia, envolvendo a todos nós.

Num convite silencioso o Mestre nos pede para vibrarmos junto com Ele pelo nosso planeta.

E percebemos então que podemos ver a Terra em sua peregrinação pelo espaço, a sua grandiosa beleza... Mares, florestas, montanhas, aldeias e cidades...

Juntamos então nossa vibração à do Mestre, para dizer mentalmente:

– Senhor da Vida, Pai/Mãe/Criador de tudo que há, pedimos que abençoe nossa nave cósmica... Que proteja a Terra de nós mesmos.

Ajuda a humanidade a se tornar mais fraterna, mais ética, mais justa e pacífica.

Ajuda o ser humano a compreender que deve respeitar o chão onde pisa, o ar que respira, a água que bebe, enfim, a natureza da qual faz parte.

– Pedimos também alívio para os que estão sofrendo neste momento. Dá a todos eles esperança... Dá-lhes novas energias para continuarem a caminhada terrena, em busca de evolução.

– Envolva nosso planeta em vibrações de amor, de paz e da alegria pura, para que a natureza possa se recuperar dos danos causados por nós, seres humanos.

– Abençoa a natureza... na terra... nas águas... na atmosfera terrena, para que ela continue a ser a mãe pródiga e generosa para todos os seus filhos.

O Mestre estende suas mãos abarcando toda a extensão do nosso planeta, derramando sobre ele energias puras, vibrantes de amor e de paz.

Vamos retornar tranquilamente ao nosso mundo exterior, mas guardando na alma toda essa luz, esse amor, essa paz que nos envolve... e peçamos ainda:

Guarda-nos, ó Mestre, na Tua luz.

Relaxamento com visualizações

O poder da árvore

Procure sentar-se confortavelmente, com as costas retas e apoiadas.

Faça algumas inspirações profundas, calma e compassadamente.

Ao inspirar, leve a energia do ar para todo o seu corpo, e ao expirar bote para fora, junto com o ar, tudo que o incomoda.

Imagine que está caminhando numa floresta e chega diante de uma bela árvore.

Observe o tronco firme, os galhos fortes, as folhas tocadas por suaves ventos...

Repare em sua postura majestosa.

Pense na tranquilidade com que ela enfrenta as tempestades, as estiagens ou inundações, sempre serena e forte, maternal como a própria natureza.

Aproxime-se mais... Chegue bem pertinho.

Encoste-se nela... Justaponha-se a ela... e sinta como se você fosse a própria árvore.

Observe a seiva subindo da terra através dos seus pés, das pernas, passando para o corpo, os braços, a cabeça... trazendo energia e vida.

Perceba o balouçar das folhas ao toque da brisa... O suave canto dos pássaros.

Você faz parte da natureza.

Sinta em si mesmo, em seu corpo e na mente a serena força, o tranquilo poder da árvore.

Diga mentalmente:

É com esta força, com esta mesma tranquilidade e confiança, com este poder da natureza que eu vou vencer todas as dificuldades que possam surgir no meu caminho.

Faça um pensamento de gratidão à natureza e ao Criador de todas as coisas.

Sinta-se bem.

Comece a voltar tranquilamente para o mundo exterior.

Vá abrindo os olhos devagarzinho e traga dentro de si, para o seu mundo externo, a força da natureza, a confiança, a tranquilidade, o tranquilo poder da árvore.

Numa visualização como esta, vamos criando clichês mentais de teor positivo, benéfico, introjetando imagens de força, serenidade e tranquilo poder que vão se agregando aos valores já existentes em nós, fortalecendo-os.

Encerrando

Para encerrar este trabalho, nada melhor do que fazermos juntos um relaxamento com visualizações de elevado teor.

Fique, pois, numa posição bem confortável.

Procure desenvolver um estado de amorosidade e de paz interior.

Relaxe...

Mentalize em torno de si um campo de energia luminosa cheia de vitalidade e de alegria.

Faça algumas respirações profundas, lembrando que é o abdômen que deve inflar e se contrair nos movimentos respiratórios e não o tórax.

Ao inspirar, visualize esse ar luminoso, carregado de energia e de alegria, penetrando em seu corpo, espalhando-se por ele.

Não pense... Apenas sinta um estado de calma, de profunda paz.

Imagine que se encontra no campo.

Há arbustos floridos ao seu redor...

Olhando para cima, você vê o céu, muito azul, com algumas nuvenzinhas levadas suavemente pela brisa.

Você vê flores e nuvens. As flores nos falam em alegria e em amor. Sua vibração nos transmite ternura e contentamento.

As nuvens, passando, indicam que há céu, há luz, há vida que esplende em outras infinitas dimensões.

Ligue sua alma, sua mente, seu Espírito nessa luz, e diga as seguintes palavras, procurando senti-las em toda a sua profundidade:

Da mente divina, luz infinita, flua luz para a minha mente.

Que minha mente se ilumine e se enobreça nessa luz.

Que essa luz divina percorra todo o meu ser, para que eu vibre na paz e na harmonia.

A saúde e o bem-estar estejam presentes em todos os meus órgãos, em cada célula do meu corpo.

Do coração do universo, fonte infinita e eterna do amor, flua amor para o meu coração.

Que meus sentimentos se engrandeçam nesse afeto de Deus; nesse afeto que vibra em todo o universo, dando a tudo e a todos, razões para existir.

Que esse afeto divino se estenda por sobre a Terra, envolvendo todos os ambientes humanos... irradiando amor para todas as pessoas, para que se tornem mais fraternas, mais solidárias, mais honestas, mais justas.

Que esse amor infinito envolva todas as pessoas que estão sofrendo na Terra, seja por enfermidades, limitações, solidão ou situações angustiantes, dando-lhes alívio, esperança e maior aproximação com Deus.

Que esse amor divino se estenda sobre todas as crianças da Terra; que elas possam receber sempre o necessário às suas vidas e evolução, além de afeto e de orientação para o bem.

Que a luz divina ilumine as mentes e os corações de todas as pessoas que mergulham nos vícios; que elas possam perceber o abismo no qual estão caindo e sintam necessidade de buscar ajuda.

****

De joelhos ante o Senhor da Vida, agradecemos por mais esta oportunidade de colaborar, nem que seja minimamente, com a construção de um mundo melhor.

FIM

UMA OBRA DE **NELSON MORAES**

Autor: Nelson Moares
Espirito: Zílio

Gênero: Espiritismo
14x 21 cm | 128 páginas

Roqueiro famoso, surpreendido pela morte prematura causada pelo uso abusivo de álcool e de drogas, se vê diante de uma realidade que jamais imaginara.

Propagador da libertade incondicial, por estranha ironia, submetido à lei de causa e efeito, se viu preso à sepultura durante longo período.

UMA OBRA DE **NELSON MORAES**

Autor: Nelson Moares
Espirito: Zílio

Gênero: Espiritismo
14x21 cm | 160 páginas

Hoje me sinto muito feliz quando encontro alguém lendo os meus depoimentos, mais do que quando executam as minhas músicas. Aos poucos estou alcançando o sucesso, não mais o sucesso do mito, mas sim, do ser humano que sou. Espero que aqueles que hoje são fãs do mito, ao ler os meus depoimentos, venham se tornar fãs da verdade e daquele que realmente merece nossa gratidão e reconhecimento. Ele será seguido como o grande ídolo da humanidade!

UMA OBRA DE **SAARA NOUSIAINEN**

Saara Nousiainen

Gênero: Espiritismo
16x23 cm | 224 páginas

O tema Transição Planetária tem sido motivo de muitas cogitações e muito se tem escrito sobre o assunto, abordando, principalmente, as questões morais e espirituais que envolvem o globo terrestre e a humanidade de modo geral. Nesta obra, a autora, com o estilo simples, envolvente e esclarecedor - marca registrada de sua escrita -, indica a melhor forma de nos prepararmos para os eventos vindouros, além de nos capacitar como presenças benéficas nesses acontecimentos.

HISTÓRIA DA EVOLUÇÃO ESPIRITUAL DA HUMANIDADE – **TRILOGIA**

Os Exilados da Capela
Edgard Armond
14x21 cm | 192 Pág.

A formação e evolução das raças no planeta Terra. Obra extraor-dinária que cuida das grandes indagações dos homens acerca do início da humanidade.

Na Cortina do Tempo
Edgard Armond
14x21 cm | 128 Pág.

Sobreviventes salvos da Atlântida preservam seus conhecimentos destinados à posteridade.

Almas Afins
Edgard Armond
14x21 cm | 160 Pág.

A trajetória de Espíritos afins desde a submersa Lemúria até os dias atuais.

OBRAS SOBRE **MEDIUNIDADE**

Mediunidade
Edgard Armond
14x21 cm | 288 Pág.

Um tratado completo sobre a faculdade mediúnica, abordando seus aspectos, desenvolvimento e utilização.

Passes e Radiações
Edgard Armond
14x21 cm | 176 Pág.

Métodos espíritas de cura e tratamento espiritual. Dinâmica dos movimentos do passe padronizado e suas aplicações.

Métodos Espíritas de Cura
Edgard Armond
14x21 cm | 128 Pág.

O funcionamento da mente e repercussões espirituais. Definição e classificação física das cores e sua identificação nas auras.

Relembrando o Passado
Edgard Armond
14x21 cm | 160 Pág.

Experiências marcantes de trinta anos de trabalho espiritual em contato com o sofrimento nos planos espiritual e físico.

Desenvolvimento Mediúnico
Edgard Armond
14x21 cm | 88 Pág.

Um roteiro perfeito para o bom funcionamento da mediunidade. Aplicações dirigidas ao treinamento de novos médiuns.

Prática Mediúnica
Edgard Armond
14x21 cm | 256 Pág.

A realidade da prática mediúnica. Evolução de pesquisas e descrição dos trabalhos de assistência espiritual.